ORIGAMIGAKU
折り紙学
起源から現代アートまで

はじめに

「折り紙で遊んだことがありますか？」この質問に、「いいえ」と答える日本人は、それほど多くないのでは？《やっこさん》や《鶴》は、ほとんどの世代の人が折れることでしょう。高校野球で甲子園に出場する母校の勝利を願ったり、病気全快をいのったりするときに、千羽鶴をおくることもあるでしょう。

いまや、折り紙は世界じゅうに広がり、ヨーロッパにもアメリカにもアジアにも、折り紙を、すばらしいアート（芸術）作品として発表している人たちがいます。それでも、日本をおとずれる外国人は、日本人が何も見ず、ハサミものりも使わずに《鶴》を折れることにおどろくといいます。

折り紙は、日本人がその発展に大いに貢献した、世界にほこれる文化なのです。

《ゴリラ》（吉澤章）。

《幸せをもとめて》
(シッポ・マボナ)。

大扉作品:《ライオン》
(ホアン・ティン・クエット)。

　近年では、折り紙と数学のむすびつきを解説する本やインターネットのサイトも多く見られます。しかし、むずかしいことを考えなくても、単純に紙を折ることでさまざまな形を折りだすことができるのは、とても楽しいことです。折り紙は、3歳、4歳の子どもも、70代、80代のお年よりも同じように楽しむことができるのです。

　『折り紙学』と題したこの本は、一般的によく見られる、作品の折り方を教えるだけのものではありません。さまざまな表現方法を紹介し、日本と世界の折り紙のルーツをさぐり、現代の折り紙を取りまくさまざまな研究をかいまみながら、折り紙の世界を総合的に楽しんでもらいたいと願って書いたものです。ここでえた知識や作品を家族や友だちと共有できれば、さらに有意義な本となるでしょう。さあ、折り紙の世界を探検しましょう。

巻頭特集　世界に広がる折り紙アート

- ヨーロッパの折り紙作家たち ………… 6
- アメリカ・カナダの折り紙作家たち ………… 9
- アジアの折り紙作家たち ………… 12
- 世界に広がる日本の折り紙 ………… 14
- さまざまな分野の折り紙アート ………… 20

《クレインの海賊》
（エリック・ジョワゼル）。

パート1　折り紙の秘密

1. 日本の折り紙の起源はいつごろ？ ………… 22
2. ヨーロッパと日本の折り紙のまじりあい ………… 24
3. 「ORIGAMI」が世界語に ………… 26
4. 紙の歴史と、和紙、用紙のかたち ………… 28
5. 折り方をつたえる方法 ………… 30
6. 正方形から6本足の昆虫ができる!? ………… 32
7. 折り紙の表現いろいろ① ………… 34
8. 折り紙の表現いろいろ② ………… 36
9. 折り紙の表現いろいろ③ ………… 38
10. 折り紙の科学 ………… 40

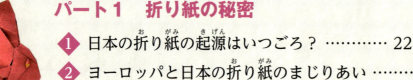

《金魚》
（ロナルド・コウ）。

パート2　さあ折ってみよう

1. シンプルライオン ………… 44
2. A4のつつみとハートのかざり ………… 46
3. トリケラトプス ………… 48
4. クリスマスツリー ………… 52
5. サンタクロース ………… 54
6. すべての面が3のサイコロ ………… 58

《イッカクジュウ》
（ジョン・モントロール）。

- おわりに ………… 60
- さくいん ………… 62

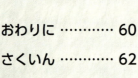

《5つの交差する四面体》
（トーマス・ハル）。

※折り紙作品のそばには、《　》で作品名を、
　（　）で作者名を記した。

この本の使い方

《さかな》（前川純）。

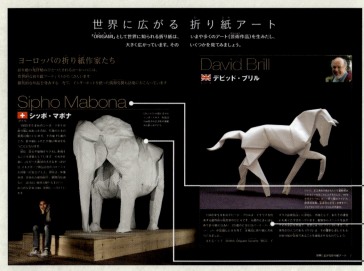

巻頭特集

日本と世界で活躍する折り紙作家と、代表的な作品を紹介します。

- 作家の名まえと国の旗を示しています。14ページからは日本の作家です。
- 子どものころからどのように折り紙にふれてきたかを示しています。
- 代表的な作品例です。

パート1　折り紙の秘密

日本と世界の折り紙の歴史や、さまざまな折り紙の表現方法を紹介します。

- タイトルはページのテーマをひとことであらわし、リード文で内容を短く紹介します。
- テーマに関する内容を、くわしく、わかりやすく説明します。
- 本文に関連するトピックを、コラムとして紹介します。

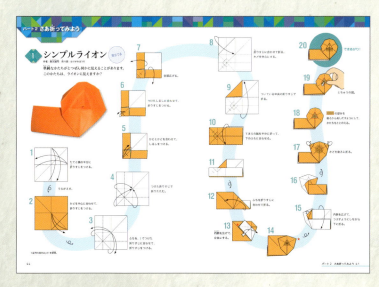

パート2　さあ折ってみよう

パート1で示した折り紙の表現方法を使って、楽しく折れる作品を、6点紹介します。

世界に広がる

「ORIGAMI」として世界に知られる折り紙は、大きく広がっています。その

ヨーロッパの折り紙作家たち

折り紙の発祥地のひとつとされるヨーロッパには、世界的な折り紙アーティストがたくさんいます。個性的な作品を発表する一方で、インターネットを使った情報交換も活発におこなっています。

Sipho Mabona

🇨🇭 シッポ・マボナ
【スイス】

1980年生まれのシッポ・マボナが折り紙に出あったのは、5歳のときの紙飛行機といいます。その後15歳のころ、折り紙にふたたび強い興味をもつことになります。

彼は、昆虫や動物をリアルに表現することを得意としています。それが仕事につながった最初の大きなきっかけは、大手スポーツ用品会社のコマーシャル映像への協力でした。現在は、映像表現、実物大の動物制作、展開図絵画など、はば広い表現活動とむすびつく、総合的な芸術活動に挑戦しつづけています。

《白いゾウ》の前にすわるシッポ・マボナ。作品は15m四方の正方形の用紙から折られている。

折り紙アート

いまや多くのアート（芸術作品）を生みだし、
いくつかを見てみましょう。

David Brill
🇬🇧 デビッド・ブリル
【イギリス】

《ウマ》。正三角形の紙をもちいて躍動感あふれるウマをみごとにえがきだした。1970年代からつねに新しい折り紙のアイデア、技術的挑戦、芸術性を追求し世界をリードしてきたデビッド・ブリルの代表作。

　1948年生まれのデビッド・ブリルは、イギリスを代表する創作折り紙作家のひとりです。6歳のときにはじめて折り紙に出あい、23歳のときにロバート・ハービン（→p27）が出版した本を見て、本格的に折り紙にのめりこみました。

　まもなくして、British Origami Society（BOS、イギリス折紙協会）に参加し、作家として、またその運営にも長くたずさわっています。動物からユニット作品までその多彩な作風で、世界じゅうにファンがいます。代表作のひとつである《ウマ》は、その優美な姿にだれもが折り紙が芸術であることを確信させるものでしょう。

Éric Joisel

【フランス】 エリック・ジョワゼル

ウエットフォールディング（→p39）の手法でつくられた《ミュージシャンズ》。小人たちがさまざまな表情を見せ、まるで音楽が聞こえてきそう。ジョワゼルが到達した夢の世界を表現した人気シリーズ。写真の作品は《オーケストラ2 2008》（おりがみはうす所蔵）。

エリック・ジョワゼルは1983年、27歳のときに友人から紹介された折り紙に感銘を受け、それまでおこなってきた木・石・粘土を使った立体彫刻をやめ、折り紙を中心に活動をはじめました。

その後、吉澤章（→p26）、河合豊彰、笠原邦彦ら日本の作家の作品を学び、独自の造形技術を確立していきます。「真に三次元的（立体的）な」モデルを探求してつくられる彼の作品は、紙の彫刻といえます。それは、一つひとつの工程では伝統的な折り方をつみかさねながら、カーブをつけて立体に造形していく手法です。

人物造形を多く手がけ、折り紙愛好家の集まりにも積極的に参加しました。やさしい笑顔がみんなに愛されましたが、2010年11月、肺がんのため54歳の若さで亡くなりました。

Manuel Sirgo Álvarez

【スペイン】 マニュエル・シルゴ・アルバレス

1960年生まれで、現在高校で物理や数学を教えるマニュエル・シルゴがはじめて折り紙にふれたのは、6歳のころに父親から教わった紙飛行機でした。

アメリカのジョン・モントロール（→p10）やロバート・ラング（→p9）をはじめ、日本やスペインの多くの作家からも影響を受け、創作をはじめたのは2000年ごろからです。1枚の正方形から切らずにさまざまな昆虫作品を折るのを得意としていて、昆虫を実物大で折ることにこだわりをもっています。スペイン折り紙協会に早くから参加し、会長もつとめました。

《バッタ》。1枚の正方形から切らずに、バッタが羽を広げて飛ぶようすを表現した作品。

アメリカ・カナダの折り紙作家たち

1950年代のリリアン・オッペンハイマー(→p27)以来の伝統をもつ
アメリカ・カナダの折り紙文化。
ともに、世界でも折り紙のさかんな国であり、才能あふれる作家たちがたくさんいます。

《ムース》。コンピュータプログラムをもちいて効率的なじゃばら折り(→p33)を設計することで、複雑なツノや長い足を折りだしている。

Robert Lang

 ロバート・ラング
【アメリカ】

　1961年生まれのロバート・ラングは、6歳のころから折り紙に興味をもち、とくにニール・イライアス*の作品に影響を受けました。

　大学を卒業すると、レーザー技術を専門とする物理学者になりました。NASA（アメリカ航空宇宙局）の元技術者でもありますが、現在は折り紙を専門に、芸術家として、また研究者として精力的に活動しています。

　1992年にはじめて来日して、日本の折り紙作家との交流がはじまりました。折り紙の数学的特徴を研究し、コンピュータを利用した複雑な折り紙作品を多数発表しています。折り紙設計技術をまとめた『Origami Design Secrets（折り紙デザインの秘密）』は、世界の若い折り紙作家や研究者に大きな影響をあたえています。

＊ニール・イライアス（1921〜2005年）は、1960年代から1970年代に多くの折り紙作品を発表したアメリカの折り紙作家。じゃばら折り（→p33）をもちいた名作をのこしている。

世界に広がる折り紙アート　9

John Montroll

🇺🇸 **ジョン・モントロール**
【アメリカ】

6歳から折り紙をはじめたジョン・モントロールは、当時からオッペンハイマーの「The Friends of The Origami Center of America」の集まり（現在のアメリカ折紙協会）に参加して、天才少年といわれました。現在では、折り紙作家、出版社の経営者、高校の数学教師という3つの顔をもっています。

彼は、正方形不切1枚折り*を一貫して追求しています。1979年にアメリカで出版した書籍『Origami for the Enthusiast（愛好家のための折り紙）』は、すべての作品が不切1枚折りで折りだされた出版物。さまざまな技術的アイデアが示され、世界じゅうの折り紙愛好家やデザイナーたちに影響をあたえました。

《ドラゴン》（上）と《イッカクジュウ》。

＊1枚の紙にいっさい切りこみを入れずに折りだす折り方。

《カバ》。ウエットフォールディング（→p39）のやわらかい曲線とシンプルな造形で、カバをユーモラスに表現している。

Giang Dinh

🇺🇸 **ジャン・ディン**
【アメリカ】

1966年にベトナムで生まれ、現在アメリカに在住するジャン・ディンは、建築士を職業にしています。

30歳を過ぎたころから折り紙作家活動をはじめました。その作品は、複雑化していく現代の一般的なものとはことなり、独特の詩的表現を追求しています。そのひとつが、折り紙を日本の俳句になぞらえたことです。彼は、折り紙をいかにシンプルな造形にとどめることができるかを考えます。それは、日本の俳句が17文字という少ない文字でさまざまな情景をかたることににているといいます。

Joseph Wu

🇨🇦【カナダ】 **ジョセフ・ウー**

　香港で1970年に生まれ、4歳のときにカナダへ移住したジョセフ・ウーにとって、大学で専攻したコンピュータ科学も、折り紙に影響をあたえたひとつです。一時期日本に住んでいたこともあり、日本語も上手です。
　1996年ごろにプロの折り紙アーティストとしてデビューしたウーがいちばん影響を受けたのは、吉澤章（→p26）でした。シンプルな小動物から、実際の木と同じ大きさほどの複雑な造形にいたるまで、その作品はすべて、繊細な折り線と折り方によっていきいきとした表情がそそぎこまれています。現在では、おもに広告などのイラストレーションに折り紙作品をアレンジするスタイルで、さまざまな依頼に合わせてオリジナルの作品を制作しています。

《ウマの群れ》。何色かの紙を使って、神話の一場面のウマのさまざまな動きをダイナミックに表現している。

世界に広がる折り紙アート　11

アジアの折り紙作家たち

アジアにもすぐれた折り紙作家が数多くいます。
折り紙との出あいもその後の経歴もさまざまで、
現在でも個性的な作品を発表しています。

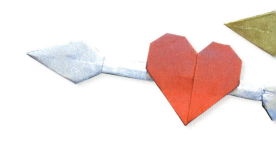

《金魚》。いろいろな種類の金魚を、ヒレのかたちや顔の特徴をとらえてみごとに折りわけている。

Ronald Koh

🇸🇬 ロナルド・コウ
【シンガポール】

　第二次世界大戦の終戦からまもない、1948年にシンガポールで生まれたロナルド・コウにとって、折り紙は子どものころからよく親しんでいた遊びです。1972年、24歳のときにロバート・ハービン（→p27）の本に出あい、折り紙の大きな可能性にめざめたといいます。その後まもなくして、創作活動をはじめました。

　コウの作品は、金魚をテーマにした本をまとめるなど、動物を中心としたあたたかみのあるものが特徴となっています。ウサギがかけるすがたを表現した作品は、とくに躍動感にあふれたものです。

《フライングハート》。

Francis Ow

フランシス・オウ
【シンガポール】

1949年生まれ。ハートをテーマにした折り紙作品を多数創作して、世界でもハートといえばフランシス・オウと、愛好家のなかで有名です。

オウのハート作品は日本でも人気があり、折り紙作家の布施知子（→p14）による翻訳本も出版されています。

Kade Chan

ケイド・チャン
【香港】

1993年に香港で生まれた若手作家、ケイド・チャンは、12歳のときに香港折紙協会で折り紙をはじめ、14歳のときに最初の作品創作をおこないました。大学でデザインを学び、その後プロの折り紙アーティスト、グラフィックデザイナー*として活動をはじめます。

日本折紙学会による2013年のコンベンション（大会）には、若手作家として招待され、2016年にはOrigami USA（アメリカ折紙協会）の招待作家にも選ばれています。

自分の作品の前にすわるケイド・チャン。

彼は、ドラゴンなどの空想動物を、ときには2枚以上の紙を使ってリアルに表現する作品などに定評があります。

＊デザインを通して情報をつたえる表現手段のことをグラフィックデザインといい、その企画・制作をおこなうのがグラフィックデザイナー。

Hoang Tien Quyet

ホアン・ティン・クエット
【ベトナム】

1988年、ベトナム生まれのホアン・ティン・クエットは、子どものころから折り紙に親しみ、1枚の紙が3次元の立体に変化する不思議さに魅力を感じてきました。同じくベトナム出身の折り紙作家であるジャン・ディン（→p10）にウエットフォールディング（→p39）を学び、曲面表現を得意として、独自の造形を展開しています。

ベトナムオリガミグループの若きリーダーとして、2012年には日本折紙学会の招待作家として招かれ、それ以来、世界じゅうの折り紙コンベンションから招待され、注目されている若手折り紙アーティストです。

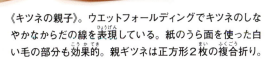

《キツネの親子》。ウエットフォールディングでキツネのしなやかなからだの線を表現している。紙のうら面を使った白い毛の部分も効果的。親ギツネは正方形2枚の複合折り。

🔴 世界に広がる日本の折り紙

日本には、世界の愛好家が注目する折り紙作家がたくさんいます。
先輩たちの実績に刺激を受けた若手の折り紙作家も数多くそだち、
意欲的な作品を発表しつづけています。

Tomoko Fuse
布施知子

《箱》。ふたと本体それぞれ4枚で組んだユニット折り紙の箱。らせんのかざりがついている。

1951年生まれの布施知子は、7歳のときに吉澤章（→p26）の折り紙に出あいました。大学卒業後まもなく、笠原邦彦のパーツを組みあわせてつくる「ユニット折り紙」に出あうことで、折り紙作家としての活動をスタートさせました。彼女のユニット折り紙は世界じゅうにファンがおり、第一人者として活躍しています。

1986年より長野県の八坂村（現・大町市）の山中に移りすみ、斬新な作品を発表しつづけています。国内外の美術館などで作品展を何度もおこない、これまでの折り紙の範ちゅうをこえた世界を追求しています。

布施知子が出版した『SPIRAL（らせん）』（2012年）。

Makoto Yamaguchi
山口真
やまぐちまこと

紅白の長い毛をふりまわして勇壮におどる、歌舞伎演目で有名な《連獅子》。
折り紙らしいシャープな線とシンプルな造形で的確に特徴を表現している。

　山口真は1944年生まれ。日本折紙協会の事務局員をへて、作家としての活動をスタートさせました。

　1989年に世界ではじめての折紙常設ギャラリーとしてオープンさせた「おりがみはうす」（東京都文京区）は、若手折り紙作家や海外折り紙作家との交流拠点となっています。

　やさしく、あたたかみのある作風で多くの本を手がけ、国内外を問わず、若手作家や有名な作家の作品集を編さんするなど、折り紙の普及にも精力をかたむけています。日本折紙学会の設立メンバーのひとりです。

Satoshi Kamiya

神谷哲史

　1981年生まれの神谷哲史は、3歳のときに折り紙に出あい、小学校2年のときには創作をはじめました。

　1999年、18歳のときにテレビ番組の「全国折紙王選手権」第3回で優勝。それから5連覇した神谷は、以来多くの折り紙少年のあこがれのまととなっています。

　得意とする作品は1枚の紙から昆虫や空想動物をリアルに表現するものです。作品のひとつ《スズメバチ》は、フランスの高級ファッションブランドのショーウィンドーをかざりました。このような複雑な作品について、折り図を積極的に発表することでも、多くのファンを引きつけています。現在の日本を代表する折り紙作家のひとりです。

初期の代表作、《スズメバチ》。

《龍神》(→p34) を折るようす。

Toshikazu Kawasaki

川崎敏和

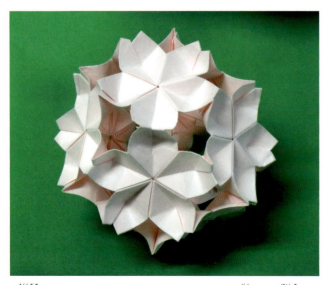

《桜玉》は、サクラをテーマにしたユニット作品。12輪の花を配置したこの作品は、30個のユニットから組みあげる。

　1955年に長崎で生まれた川崎敏和は、折り紙作家であると同時に、現在は、高等専門学校の数学教授です。大学入学後、折り紙の創作活動と数理研究をはじめました。「折鶴の幾何学」を研究して数理学博士号を取得しました。

　ねじり折りを応用したバラの折り紙は《川崎ローズ》(→p38)とよばれ、世界じゅうの折り紙愛好家に知られた作品です。

Jun Maekawa
前川淳

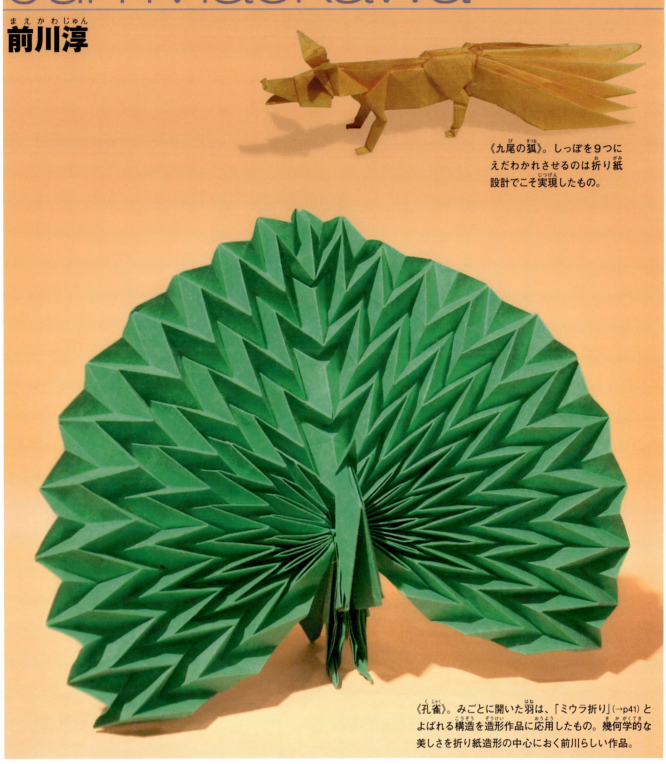

《九尾の狐》。しっぽを9つに
えだわかれさせるのは折り紙
設計でこそ実現したもの。

《孔雀》。みごとに開いた羽は、「ミウラ折り」(→p41)と
よばれる構造を造形作品に応用したもの。幾何学的な
美しさを折り紙造形の中心におく前川らしい作品。

1958年生まれで、ルービックキューブをひとばんで解いて楽しむパズルずきの青年が、折り紙に本格的に夢中になったのは高校生のころといいます。1980年に科学雑誌に紹介された作品《悪魔》で、世界の折り紙愛好家に名前が知られました (→p33)。
現在、天体観測のためのプログラムを提供する技術者をつづけながら、図形のおもしろさを追求する折り紙作品の発表や、科学雑誌への執筆活動を活発におこなっています。折り鶴に関連したグッズのコレクターであることは、ファンのなかではよく知られた一面です。

世界に広がる折り紙アート 17

Fumiaki Kawahata

川畑文昭

《トリケラトプス》。エリやツノなど細かい折りが集中する頭部と、少ない線でダイナミックに表現する胴体を、1枚の正方形からたくみに折りだしている。

1957年生まれで、前川淳と同世代の川畑文昭は、現在、大手自動車の新車開発業務に従事しながら、多くの折り紙作品を発表しています。
動物や恐竜を中心とした正方形不切1枚折りの作品に定評があり、また、折り図の発表も活発におこなって、国内外で人気があります。のりを使わない精巧なペーパークラフト（→p20）にも才能を発揮しています。

Issei Yoshino

吉野一生

《バイク》。2枚の正方形を使った複合作品。タイヤは紙のうら側が出るようにして色わけもおこなっている。

Hideo Komatsu

小松英夫
<small>こまつひでお</small>

　1977年生まれの小松英夫は、小学校4年のときに前川淳の作品集『ビバ！ おりがみ』に出あい、本格的に折り紙にのめりこんだといいます。

　動物作品を得意とし、角度を22.5度や15度にするなど、基準のはっきりした作品づくりが特徴です。また折り手順や折り図表現にも強くこだわり、手順のおもしろさやその洗練されたデザインに、国内外で多くのファンがいます。

《ニホンザル》。22.5度を基本にした折り紙らしいデザインでありながら、ニホンザルのリアルな造形をものにしている。紙のうら側で顔の色をかえている。

《イノシシ》。イノシシのさか立つ毛を折りのひだで表現している。

《ウマ》。きれいなだん折りのたてがみが印象的。

　1964年生まれの吉野一生は、小学生のときから折り紙創作をはじめ、成長してからは、コンピュータの技術者をしながら新作発表をおこないました。

　1989年にギャラリー「おりがみはうす」で開いた「恐竜おりがみ三人展」で発表した《ティラノサウルス全身骨格》は、世界じゅうの折り紙愛好家の注目のまととなりました。しかし、ガンにおかされ、1996年、32歳の若さで、おしまれながら亡くなりました。

世界に広がる折り紙アート　19

さまざまな分野の折り紙アート

アートや工芸品のなかには、紙飛行機、ペーパークラフトなど、折ることがテーマの一部となっているものがあります。これらは、折り紙の可能性を広げています。

折り紙飛行機

手近な紙で飛行機を折って飛ばす折り紙飛行機は、折り紙遊びの代表的なものです。最近では、折るだけでつくった紙飛行機の滞空時間や飛距離をきそう全国大会なども開かれて、大きな発展をとげています。

折り紙飛行機全国大会のようす。

滞空時間ギネス記録をもっている折り紙飛行機の機体。戸田拓夫作。

ペーパークラフト*

折り紙は、紙を素材にして造形するアートですから、ペーパークラフトの一分野と見ることもできます。一般的なペーパークラフトは切ったり、のりづけしたり、自由にかたちをつくりますが、部分的には折って組みたてることがたいせつな要素になります。

コンピュータプログラムを利用して、ひとつながりの展開図で自由にかたちをつくることもできるようになっています。筑波大学の三谷純は、コンピュータでペーパークラフトの型紙をつくるプログラムを発表しています。

*紙を材料とする工作や工芸のこと。

《スポーツカーの展開図》。三谷純のコンピュータプログラムで設計した、ペーパークラフトの展開図。

《帆船サンタ・マリア号》。紙に切りこみを入れて折りおこして、のりを使わず組みあげる、折り紙作家川畑文昭らしい作品。

ポップアップカード

1枚の紙に切りこみをいれて立体的にたちあげると、さまざまな建築物などを表現することができます。紙はくりかえし折ったり開いたりしやすい性質があり、ふたつ折りのカードにして立体がたちあがるのを楽しみます。

元東京工業大学教授で建築家の茶谷正洋が命名した「折り紙建築」など、よく知られた建築物を精巧に再現する作品が有名です。

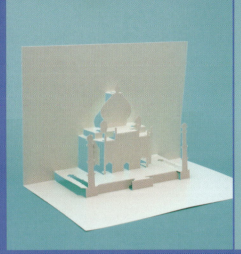

《タージマハル》と名づけられた作品（左）と、平らにしたよう。茶谷正洋作。

展開図絵画

1枚の紙を折るだけでさまざまなかたちがつくりだされた折り紙作品を開いてみると、山折り線と谷折り線が複雑に広がった展開図があらわれます。そのような展開図はそれ自身が美しく、絵画やデザインの図案として注目されるようになっています。

また、折り紙でデザインされた作品を大きな彫刻にして野外で展示することなどもおこなわれています。

シッポ・マボナの展開図絵画。

ロバート・ラングの折り紙彫刻。

プリーツ

プリーツとは折りひだのことです。布にひだをつけてスカートやカーテンに利用するプリーツ加工は昔からよくおこなわれています。布にひだを折ることによってサイズを自由に変化させることもできますし、見た目にもおもしろいデザインがあらわれます。

布に折りを固定するには、①樹脂などを使って処理する方法、②熱したロールにはさんで平行にひだをつくる方法、③2枚の型紙にはさみ、たたんでむす方法など、繊維や目的のかたちに合わせていろいろな方法があります。最近では、折り紙の作品そのものを布でつくることもこころみられています。

布製の《川崎ローズ》（→p38）をあしらった、ウェディングドレス。

パート1 折り紙の秘密

1 日本の折り紙の起源はいつごろ？

平安時代にはじまった、紙を折って利用する習慣が、武家の礼法となり、江戸時代になると紙の普及とともに、遊戯折り紙として庶民に広まりました。

遊戯折り紙とは？

折り紙は、正方形のような単純なかたちの紙を折りたたんで、動物や花などさまざまなかたちをつくる、日本で昔から親しまれている造形（かたちをつくる）遊びのひとつです。この造形遊びの折り紙は、「遊戯折り紙」とよばれます。折り紙といえば、ふつう遊戯折り紙のことをさします。

礼法折り紙の発展

室町時代（1338～1573年）になると、武家が贈り物や手紙をおくるときの「礼法折り紙」である「折形」が発展しました。その形式はいくつかの流派となって、江戸時代（1603～1868年）へとつたえられます。この礼法用の折り紙は、多くは「熨斗」のような様式的なものでしたが、そのかたちをチョウに見立てて命名されているものもありました。

カラフルな折り紙用紙（洋紙）と、きれいな和紙で折られた、代表的な折り紙《鶴》。

起源は平安時代？

日本でいつごろから折り紙がおこなわれていたか、じつは正確なことはわかっていません。現代でも着物をつつむのに使われる「畳紙」とよばれる紙がありますが、その歴史は、化粧道具などをつつむのに使われた平安時代（794年から約400年間）のなかごろにさかのぼるとされます。しかし、それが直接折り紙につながったかどうかはわかりません。

現代でも、祝儀袋に形式がのこる「折形」。

現代の一般的な畳紙。

「折り紙つき」という言葉

平安時代末期（1100年代）から室町時代にかけての古文書に、「折紙」という言葉がよく見られる。当時は贈り物などにそえられる品書きや鑑定書を、紙をふたつに折ってつくる決まりがあり、このような紙を「折紙」とよんだ。現在でも、鑑定書などによって保証されていることを「折紙つき」というのはこのためだ。現代の遊戯折り紙のことをさす「折り紙」とはことなるものだ。

「たとう折り」とよばれる、さまざまなデザイン。

折り紙文化をはぐくんだ江戸時代

　江戸時代に入ると、1600年代後半に登場した浮世草子*¹作者の井原西鶴の作品に、折り紙が「おりすえ」とよばれて登場します。物語の主人公がおりすえで鳥をつくったという話があります。

　1700年ごろには、《鶴》《虚無僧（現在の《やっこさん》ににる）》などの折り紙が、浮世絵などによくえがかれるようになりました。着物の衣装柄を集めた書物などに《鶴》の模様もみとめられます。

　1797年には、世界最古の遊戯折り紙のテキストと考えられる『秘伝千羽鶴折形』が出版されます。この本には《連鶴》*²の作品と、どのように紙に切りこみを入れて《連鶴》をつなげるかが書かれていました。作品の作者は義道（魯縞庵）という僧侶。さらに、著者の秋里籬島が作品ごとに狂歌*³をそえた、非常にこったものでした。

*¹ 江戸時代中期に流行した小説で、町人階級の世相などをありのままにえがいたもの。
*² 1枚の紙に切りこみを入れ、《鶴》の口や尾で連結させて切りはなさずに折りだす。
*³ 五七五七七の形式をとりながら、社会風刺や皮肉などをこめた、こっけいな短歌のこと。江戸時代中期に大流行した。

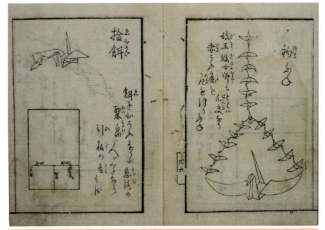

『秘伝千羽鶴折形』のページ（上）と、《連鶴》のひとつ《青海波》（下）。

遊戯折り紙の特徴である「見立て」

　江戸時代後期に、歌舞伎の演目として人気の「忠臣蔵」を折り紙で表現した『折形手本忠臣蔵』という本が出版された。登場人物の特徴を折りのわずかな変化で見立てて表現するもので、現代も、アニメのキャラクターなどににせて折り紙を折って楽しむことがあるが、それとそっくり。

　折ることからさまざまな図形的な美しさが生まれ、それが何か別のものを連想させる。星座に神話の動物などを「見立てる」のとにている。折ったかたちを何か別のものに見立てることが楽しいと知ったときに、遊戯的な折り紙は花ひらいたのではないだろうか。折り紙の「見立て」を楽しむ感性は、複雑な作品をつくりあげることが可能になった現代でも、折り紙の芸術性をささえる重要な要素のひとつといえるだろう。

ヨーロッパと日本の折り紙のまじりあい

折り紙は日本だけのものではありません。日本と同じ時期にヨーロッパでも発生した折り紙が、明治時代の文明開化のなかで日本に入ってきて、融合しました。

フランスの画家カロリュス・デュラン（1837〜1917年）の作品『喜び楽しむ人びと』（1870年。デトロイト美術館所蔵）。《パハリータ》を見せられ喜ぶ赤ちゃんと幸せな家族のようす。当時のヨーロッパで人びとに折り紙が親しまれていたようすがうかがえる。

提供：Bridgeman Images／アフロ

中国起源？

折り紙は2000年ほど前に中国ではじまったとする説があります。紙が発明されてすぐに折り紙がはじまったというのですが、遺跡から紙が出土しても折り紙がおこなわれた形跡はなく、これにはいまのところ根拠がありません。

ヨーロッパの折り紙

一方で、ヨーロッパには古くから折り紙がありました。15世紀にはナプキンを鳥や船ににせて折ることが流行し、18世紀のドイツでは学校で折り紙がおこなわれていたといいます。当時のヨーロッパの折り紙のなかには、同じ時代の日本の記録に見あたらないかたちや折り方が多いとされます。スペインで《パハリータ（小鳥）》とよばれている折り紙は、日本人が《鶴》を知るように多くのスペイン人になじまれていて、ヨーロッパには16〜17世紀ごろにはこの折り紙があった可能性があります。しかし、日本の折り紙の代表《鶴》の折り方は、この時代のヨーロッパには見られません。折り紙はヨーロッパと日本で、それぞれ独立して発生したことが想像されます。

東西の折り紙が融合した

19世紀のなかごろ、世界ではじめて幼稚園をつくったことで知られるドイツの教育家、フリードリッヒ・フレーベルの教育法のなかに「恩物」とよばれる遊具があり、そのひとつに折り紙（織り紙）がふくまれていました。

明治時代（1868〜1912年）になると、日本政府は外国を手本とした幼稚園や学校教育制度を取りいれ、そのときに、ドイツをはじめとするヨーロッパの折り紙が紹介されました。同じ時期に、ヨーロッパやアメリカの幼稚園にも日本の古典折り紙が紹介されました。なお、遊戯折り紙をさす「折り紙」という言葉も、1880年ごろにはじめて使われるようになったようです。その後、折り紙は日本でさかんに発展します。

フリードリッヒ・フレーベル（1782〜1852年）。

《パハリータ》《鶴》《羽ばたく鳥》

スペインでよく知られる《パハリータ》の特徴は、全体が直角（90度）とその半分（45度）の角度だけで構成されていること。《鶴》で使われる直角の半分の半分の角度（22.5度）は使われていない。《パハリータ》の展開図を見ると、明治以降日本につたわったとされる《ほかけ船》ともよくにていることがわかる。一方、1870年ごろに折り鶴の途中までを折って羽ばたかせて見せる《羽ばたく鳥》（→p37）が、日本の手品師によってヨーロッパにもたらされたという。東西の文化がさかんにまじわったことがうかがえる。

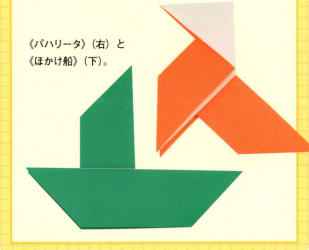

《パハリータ》（右）と《ほかけ船》（下）。

大正時代に日本でつくられた「恩物」。右下に、「織り紙」があるのがわかる。

パート1　折り紙の秘密

「ORIGAMI」が世界語に

第二次世界大戦が終わると（1945年）、世界各国で折り紙の波がおこりはじめ、「ORIGAMI」という用語が世界共通の言葉として使われるようになりました。

《東天紅》。
＊東天紅は土佐（高知）原産のニワトリで、「トッテンコー」と長く鳴くとされる。

《かに》。

《ゴリラ》。

世界がみとめた折り紙の芸術性

大正時代〜昭和時代のはじめ（1900〜1940年）ごろには、おもに手工芸などの分野の日本の研究者たちが、折り紙がもつ芸術的、工芸的な価値を評価しはじめます。なかでも、フランス・パリへの留学経験をもつ本多功（1888〜1975年）は、折り紙の価値や重要さを海外に広く知らせようとつとめました。

1950年代になると、基本形や折り図の表現などの基礎をきずきあげ、折り紙の創作や作品の芸術性を高めた吉澤章（1911〜2005年）が、国内外で高く評価されます。

日本の創作折り紙を世界的に普及させた吉澤章と作品（上の3点と下の1点）。アメリカの書誌学者ガーション・レグマンのはたらきかけで、オランダでの展覧会が実現した（1955年）。いまにも動きだしそうな生命感あふれる吉澤の折り紙造形は、その後の折り紙作家に大きな影響をあたえた。

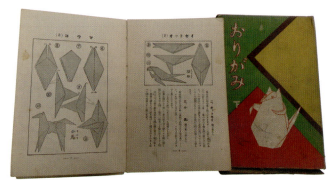

画家志望だった本多功は、パリ留学時の食事会で、テーブルナプキンで《鶴》を折ったという。感激したフランス人から折り紙の本をもとめられた。帰国後、研究をかさねて、みずから出版することになる。

《ちょう》。

愛好家の広がり

　1955年に、イギリスの奇術師ロバート・ハービンがテレビ番組で折り紙を紹介したことが、欧米に新しい愛好家をふやすことにつながりました。このころハービンは、吉澤章や、吉澤をヨーロッパに紹介したレグマンたちとともに国際的な折り紙サークルを形成しています。

　1960～70年代になるとこの動きはさらに加速し、スペイン、イギリス、アメリカ、日本で折り紙の愛好・研究グループが次つぎにたちあがります。そして、アメリカの折り紙の母といわれるリリアン・オッペンハイマー（1898～1992年）が、折り紙をあらわす言葉として「ORIGAMI」をもちいることをよびかけ、世界共通の言葉として使われるようになっていきます。

　一方国内では1950～1970年代にかけて、吉澤章にくわえ、内山興正、河合豊彰、笠原邦彦、桃谷好英など多くの作家が新作の折り紙作品を次つぎに発表することで、大人の趣味、芸術としての折り紙が確立していきました。

折り紙の設計技術の発展

　1970年代には、物理学者の伏見康治が折り紙を数学的に研究することをはじめました。そして、1980年代初期に前川淳が幾何学の理論をもとに、折り紙に展開図をもちいた「設計」という考え方（→p33）を取りいれてから、さまざまな新しい折りの技法が考案されるようになりました。折り紙の設計理論はその後、目黒俊幸やロバート・ラング（→p9）らによってさらに研究され、6本足で羽をもつ昆虫をはじめとする複雑な構造をもった作品が、次つぎと発表されるようになります。

　2000年前後からはコンピュータプログラムによる設計が本格的にあらわれ、その流れは現代へとつながっています。作家たちは、最新のコンピュータ技術を利用して作品を発表したり、一方で紙を実際に折りながらかたちをさぐっていったり、さまざまなスタイルと表現をこころみて、芸術的な作品を生みだしています。

1983年に出版された『ビバ！おりがみ』（前川淳作、笠原邦彦編・著）は、折り紙の設計に必要な新しい考え方を示した。

ロバート・ハービン。1956年にイギリスで出版された『Paper Magic』は、その後長くヨーロッパで折り紙の標準的な入門書となった。

リリアン・オッペンハイマー女史。1958年にアメリカで「The Friends of The Origami Center of America」（→p10）を創設し、機関誌『The Origamian』を発刊した。

折り紙愛好家の大会（日本折紙学会主催のコンベンション）で、折り紙のゲームを楽しむようす。

折り紙を通じた世界とのつながり

　現在世界各国で、折り紙の愛好家の集まりが毎月のように開かれている。「ORIGAMI」はいつでも、どこでも、だれとでも、1枚の紙を通じて世界じゅうに友人をつくることができる。紙を折る「時」を共有する折り紙は、音楽にもにて、すぐれたコミュニケーションの手段のひとつになっている。日本折紙学会が毎年開くコンベンション（大会）などには、世界各国から、毎回400人ほどの折り紙作家や愛好家が出席する。

4 紙の歴史と、和紙、用紙のかたち

中国で発明された紙が、日本で和紙として独自にくふうされ、
日本の折り紙文化が発展するのに大きく貢献しました。

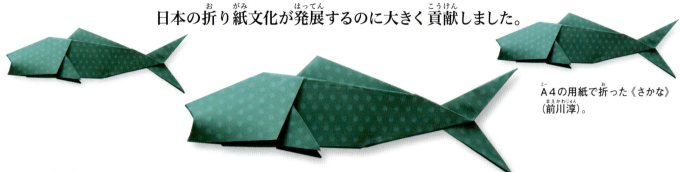

A4の用紙で折った《さかな》（前川淳）。

紙の歴史

紙の発明は、紀元前2世紀ごろの中国＊だとされています。紙は植物の繊維をほぐして水にとき、水をぬきながら植物繊維をうすくかさねてシート状にしてつくります。製法がつたわった地域にある植物の種類に合わせ、繊維のほぐし方、水のぬき方などさまざまなくふうがされて、特色のある紙がつくられます。

1840年にドイツで、木材の繊維を薬剤でほぐしてつくられたパルプを原料とする紙が発明され、その後世界の主流となりました。日本では「洋紙」として知られるようになります。

＊中国甘粛省天水放馬灘から出土（1986年）した紙は、前漢時代（紀元前202～紀元後8年）のものと推定されている。

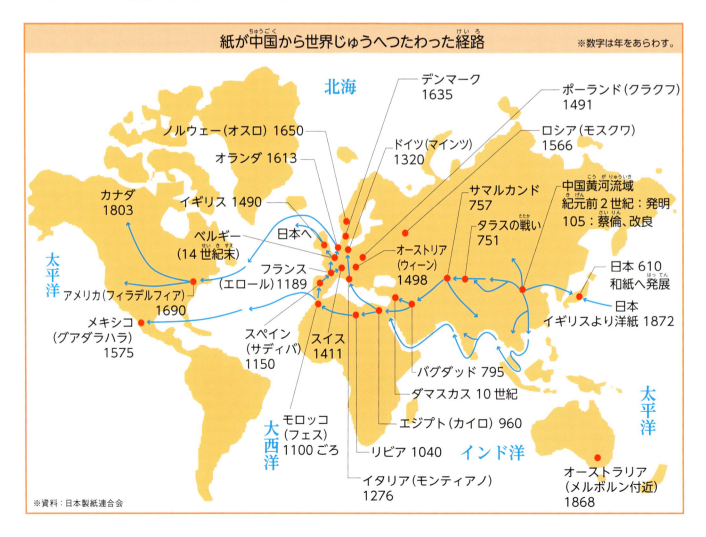

紙が中国から世界じゅうへつたわった経路　※数字は年をあらわす。

- デンマーク 1635
- ポーランド（クラクフ）1491
- ノルウェー（オスロ）1650
- ドイツ（マインツ）1320
- ロシア（モスクワ）1566
- オランダ 1613
- サマルカンド 757
- 中国黄河流域　紀元前2世紀：発明　105：蔡倫、改良
- カナダ 1803
- イギリス 1490
- タラスの戦い 751
- ベルギー（14世紀末）
- 日本へ
- 日本 610 和紙へ発展
- フランス（エロール）1189
- オーストリア（ウィーン）1498
- 日本 イギリスより洋紙 1872
- アメリカ（フィラデルフィア）1690
- メキシコ（グアダラハラ）1575
- スペイン（サティバ）1150
- スイス 1411
- バグダッド 795
- ダマスカス 10世紀
- モロッコ（フェス）1100ごろ
- エジプト（カイロ）960
- リビア 1040
- イタリア（モンティアノ）1276
- オーストラリア（メルボルン付近）1868

北海／太平洋／大西洋／インド洋／太平洋

※資料：日本製紙連合会

和紙の歴史

　日本に紙がつたわったのは7世紀のはじめごろとされています。[*1] 日本では、植物の繊維としておもにコウゾ、ミツマタ、ガンピのやわらかい樹皮（外皮の下にある内皮）を使って紙をつくりました。これらの植物の繊維は長く強いために、うすくて強い和紙ができあがります。やがて、書物や、商家の大福帳[*2]や、障子・ふすまなどの内装品まで、和紙の需要が大きくなるにつれ、紙の産地が全国各地に生まれます。江戸時代には200か所以上の和紙産地があったとされ、いまでも多くの地域に伝統技術がつたえられています。

　うすくて強い和紙は折っても簡単にやぶれず、折り紙にも適していました。《連鶴》（つなぎ鶴）のような一部だけを切りのこしてつなげる折り紙も可能になったのです（→p23）。日本の折り紙をかたるには、日本独自の技術が生みだした、和紙を見のがすことはできません。

*1　左ページの地図を参照。
*2　江戸時代〜明治時代の商家で使われていた帳簿（経理の記録）の一種。

和紙すきのようす。ほぐしてやわらかくなったコウゾ、ミツマタなどの植物繊維を、とろろあおいなどのつなぎを入れて、よく分散させ、すくい取るようにして和紙をすく。

千代紙

　和紙に、花やさまざまな模様を色刷りしたものを、とくに「千代紙」とよぶ。折り紙に使われるほか、人形の着物や、工芸品や化粧箱の細工などにもちいられてきた。「千代紙」という名称は、千代（とても長い年月）の繁栄を願うことからとか、江戸の千代田城で使われていたから、などという説があるが、正確なところはわかっていない。

正方形の用紙と長方形の用紙

　折り紙は、普通、正方形の用紙を使いますが、家庭にある新聞紙やチラシ、ノートなどは長方形。長方形のたてと横の比率は自由に決めてもいいのですが、現在コピー用紙などで広く利用されているA判[*1]の用紙は、たてと横の比率が1：1.414（$\sqrt{2}$[*2]）になっています。この比率は半分に裁断していっても一定になります。このかたちの性質が折り紙と相性がよいと考える折り紙作家もいて、多くの作品が発表されています。

*1　長方形の紙の大きさの単位としておもに使われるものに、A判とB判がある。A判は国際規格、B判は日本・中国・台湾だけで使われる規格。A0の面積は1㎡、B0の面積は1.5㎡とさだめられている。一般的な新聞紙は、A1の大きさ。
*2　$\sqrt{\ }$とは平方根のこと。平方根とは2乗する（同じ数字を2回かける）とその数字になること。3×3＝9なので、$\sqrt{9}$＝3となる。

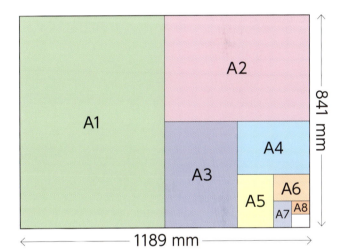

A0の用紙サイズ。半分がA1となる。

さまざまな千代紙の絵柄。千代紙はほとんどが正方形なので、古くから折り紙によく使われてきた。

千代紙は、古くから京都の貴族たちのあいだで使われていたものが江戸につたわり、浮世絵に使われた多色木版ずりの技術が取りいれられて、町人文化のなかで広がった。

折り方をつたえる方法

折り紙の折り方は、手から手へとつたえられてきました。
現在では、折り図記号が整理され、ほとんどの作品は折り図を見ながら、折ることができます。

手から手へとつたえる

折り方を他人につたえる方法として、いっしょに折ってみせるという方法があります。《鶴》や《やっこさん》などの伝承作品は、祖父母や両親、学校の先生、友だちなど、身近な人からじかに教わりつたえられてきたものです。また、新しい作品を作者から直接教わる教室も人気があります。

基本形

新しい折り紙作品が創作されるようになると同時に、広くその折り方をつたえる方法が研究されてきました。どんな折り方をするとどんなかたちができるのかを示すものです。経験のなかでととのったかたちが基本形として整理されてきました。基本形は、ほかのいろいろなかたちに変化させるイメージのもとにもなります。

折り図

基本形の整理と同時に、折る手順を図にあらわす方法が発達します。手順にしたがって変化するようすをえがいてあらわした図を「折り図」といいます。

折り図のなかのひとつの図から次の図に変化させるために、どんな折り方が必要なのかということが、「折り技法」として整理されてきました。折り図は決められた記号や技法につけられた名称が図に添えられて表現されます。

折り図には作品を再現するための手順だけでなく、折りながら紙がどのように変化していくのかを楽しめるように、作者がいろいろな表現をもりこむことができます。

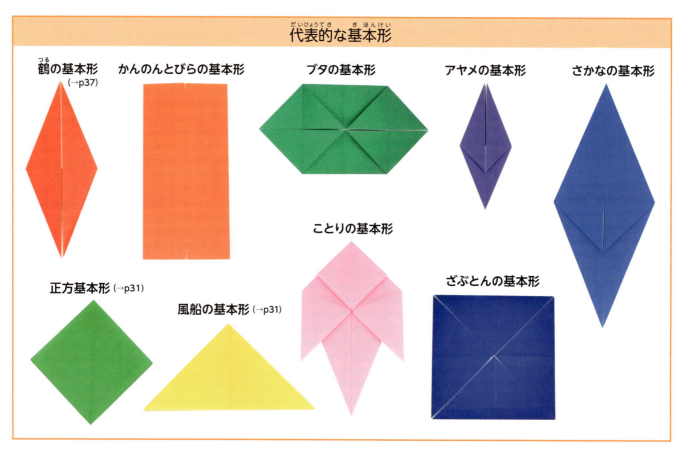

代表的な基本形

鶴の基本形（→p37）／かんのんとびらの基本形／ブタの基本形／アヤメの基本形／さかなの基本形／正方基本形（→p31）／風船の基本形（→p31）／ことりの基本形／ざぶとんの基本形

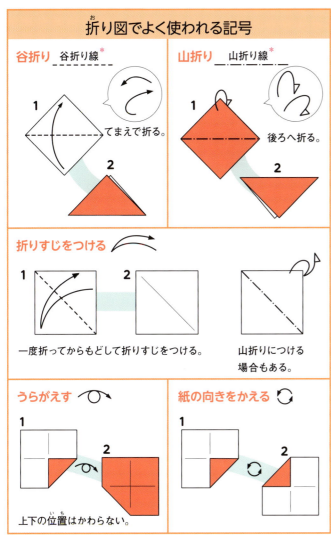
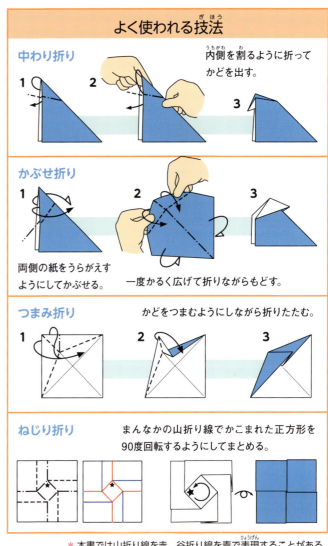
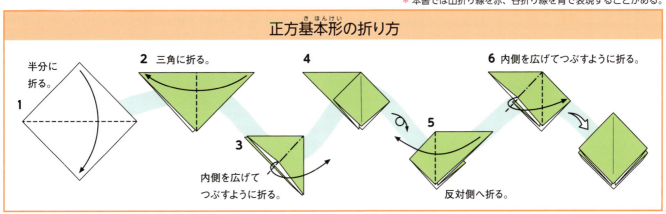
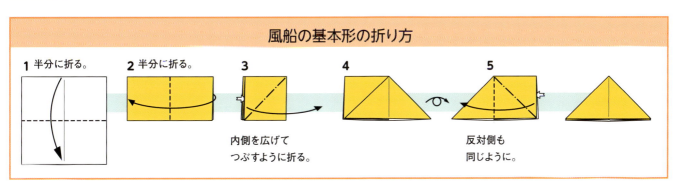

パート1 折り紙の秘密 31

正方形から6本足の昆虫ができる!?

かどが4つしかない正方形の紙1枚から6本足の昆虫がつくられる!?
複雑な折り紙がどのようにつくられるのか。その鍵は、「見当」と、展開図です。

折ったものを開いてみよう

まず基本的な折り紙のひとつ、《鶴》から見ていきましょう。鶴の基本形（→p30、37）を開いてみると、図1Aのような折りすじがついているのがわかります。これを鶴の基本形の展開図とよびます。ここに示した図では外側から見て谷折り線を青、山折り線を赤で示します。4つのかどがそれぞれ鶴の羽（ア、イ）、鶴の首（ウ）、尾（エ）になります。正方形には4つのかどがありますから鶴の基本形のように折ると、細いかどが4つできることがわかります。

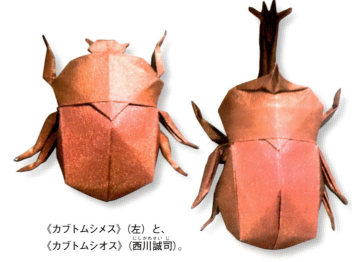

《カブトムシメス》（左）と、
《カブトムシオス》（西川誠司）。

展開図で見当をつけてみよう

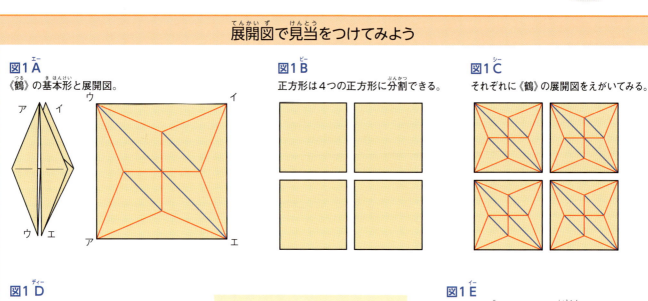

図1A 《鶴》の基本形と展開図。

図1B 正方形は4つの正方形に分割できる。

図1C それぞれに《鶴》の展開図をえがいてみる。

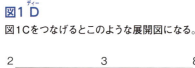

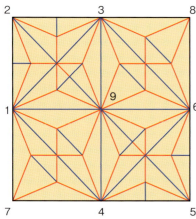

図1D 図1Cをつなげるとこのような展開図になる。

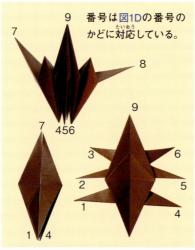

番号は図1Dの番号のかどに対応している。

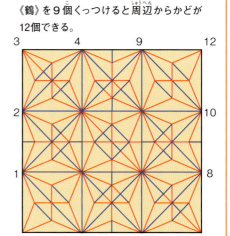

図1E 《鶴》を9個くっつけると周辺からかどが12個できる。

折る前に「見当」*をつける

次に、正方形を図1Bのように4分割すると、正方形は、小さな正方形が4つ集まったものであることがわかります。

ためしにそれぞれの正方形のなかに鶴の基本形の展開図をかきこみ（図1C）、つなげてみると図1Dのような展開図をつくることができます。図1Dの紙の周辺には8つのかどが生まれる下地ができています。これをうまくたたむことができれば、左ページ下の写真のようになって、それぞれを足にあてはめると6本足の昆虫が折りだせそうですね。

同じように、正方形の辺を3等分にすると9個の鶴の展開図を配置することができます。この場合は、紙の辺から12個のかどをつくることができるので（図1E）、足が8本で、触角もあるクモもできそうですね。

また、図2のようにたて横に平行な線を考えて見当をつけることもできます。このように展開図上で、あらかじめ紙のどの部分を足にしたりおなかにしたりするか、見当をつけて新しい作品をつくっていくこともできるのです。

*展開図のどこが何になるのか、あらかじめ考えておくこと。

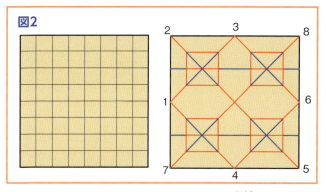

たて横に平行な目安を考えて（左図）、かどの場所の見当をつける方法。この方法でも右図のように周辺から8つのかどがつくれる。じゃばら折りあるいはボックスプリーツという。

展開図を再現して楽しむ

現在では、下の《悪魔》のように非常に複雑な展開図をあらかじめ計画的にえがいて折り紙の造形を進める「設計折り紙」という手法が、大きな発展をとげています。展開図をつくるのにコンピュータの助けをかりることもあります（→p41）。

このようにしてつくられた展開図を実際に折りあげるのは容易ではありませんが、どんな手順で折ってゆけばきれいにしあがるかなどを研究して楽しむ人たちもふえています。展開図だけで作品の再現をおこなうことを「展開図折り」などといいます。

展開図は三角形の集まり!?

日本の折り紙作家を代表するひとりである前川淳は、紙を折る前に展開図から折り紙を設計する技法を大きく発展させたことで知られている。悪魔の造形に必要な5本指やつばさなどのパーツを展開図上でみごとに配置し設計された、不切1枚折り（→p34）による《悪魔》は、1980年に科学雑誌で発表され世界の折り紙愛好家をおどろかせた。前川が《悪魔》で示した設計は、正方形を同じ正方形に分割するような単純なものではなく、展開図を小さな三角形の集まりとしてとらえる画期的なものだった。

《悪魔》。

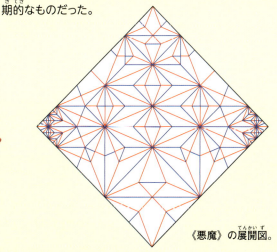

《悪魔》の展開図。

7 折り紙の表現いろいろ①

現在の折り紙の主流といわれる折り方は、不切1枚折り。1枚の紙からおどろきの作品が生まれています。一方で、ハサミを使う折り紙も、昔からある方法です。

《龍神》。

不切1枚折りを追求する

折り紙にあまりなじみのない人が、折るだけで昆虫などの細かな表現がかたちづくられるのを見るとたいへんおどろきます。たった1枚の紙を折るだけで、どれほど細やかな表現ができるのかを追求するのは折り紙創作の楽しみのひとつです。

神谷哲史の《龍神》と北條高史の《暫》は、その究極ともいえるものです。《龍神》は、うろこの1枚1枚、ツノ、足の指などすべてを1枚の紙から折るだけで表現しています。また、《暫》は扇子や刀などすべてを1枚の紙から折りだしているのです。

複雑な作品は、大きくてとてもうすい紙を使って折ることになります。

《暫》。「暫」は歌舞伎の演目であり、折り図にするとおそらく500工程はこえるだろう。

1枚で複数のものを表現する

1枚の紙で2つのものを同時に表現する方法があります。デザインはシンプルでも、折るだけで情景が表現されるこのアイデアは、なんでも1枚でつくってみようという作者たちの挑戦心をくすぐるものです。はじめて見る人に、ひとつづきになっていることをばらして見せるとびっくりすることでしょう。

《岩の上の鷹》（西川誠司）。1枚の正方形で鷹と岩の両方を折りだしている。

ハサミを使ってみる

1枚で複雑なものをつくろうとすると、折りかさなってきれいに造形することがむずかしくなります。

江戸時代の終わりのころにはカニ、トンボなどのかなりリアルな作品が折られていたことが知られています。しかし、のこっている資料を見ると、正方形にあらかじめ切りこみを入れてつくられていることがわかります。

基本的な造形は折ることをもちいながらも、一部でハサミを使うと紙が造形しやすくきれいにしあがることも多いものです。

下の作品例は、正方形をでこぼこのある多角形2つに切りわけて、それぞれから折ったものを組みあわせて簡単に昆虫を表現したアイデアです。

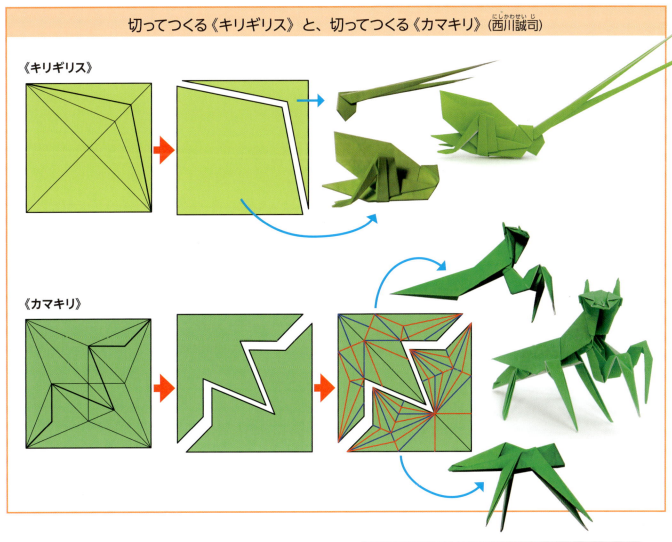

切ってつくる《キリギリス》と、切ってつくる《カマキリ》(西川誠司)

あっとおどろくアイデア

ベルギーの折り紙作家、ヘルマン・ヴァン・グーベルジャンは、アイデアあふれる作品で愛好家をいつもおどろかせる。2000年に発表された《ドクロ》は、1枚の紙でつくり、それだけでは何かわからないが、鏡に写したときにはじめてドクロの顔があらわれる不思議な作品だ。

《ドクロ》。

パート1　折り紙の秘密　35

折り紙の表現いろいろ②

折るだけでさまざまな対象を造形するには、
折ってできるかたちの特徴を、うまく組みあわせることがたいせつです。

複合折り紙

《クリスマスツリー》（山口真）。複合折りによるデラックスなツリー（→p52に折り図）。

折ってできるかたちをうまく使いながら、比較的簡単に造形するために、複数枚の折り紙でつくったものを組みあわせてひとつの作品をしあげる表現があります。昭和のはじめに本多功があらわした本（→p26）に、この方法がすでに発表されています。

2〜3枚の複合折り紙は、折り紙らしいシンプルさをのこしながらさまざまな表現ができるのでよく使われる方法です。また、何十枚ものパーツを組みあわせて立派な恐竜骨格標本を再現するような例もあります。

紙の表裏をうまく使う

フレーベルの「織り紙」（→p25）には、すでに、現在と同じように表裏の色がことなる紙でさまざまな模様をあらわすことが紹介されています。

表とうらの色をうまく使うことによって折り紙の表現のはばは大きく広がります。現代では下のように表裏を複雑に使った作品がたくさん生みだされています。

《シマウマ》（川畑文昭）。

模様を折りこむ

折り紙は、折ってつくられた全体のかたちを何かに見立てられるように造形するものですが、左のように、カメのこうらを折り線で表現するなど、表面にもさまざまな折りをくわえてつくる方法が進んでいます。《龍神》（→p34）や、エリック・ジョワゼル（→p8）の《クレインの海賊》（→p4）などがみごとに使われた例といえます。

《ウミガメ》（西川誠司）。

機能をあたえる

折り紙で何かプレゼントをつつんだり、箱をつくったり、手がるに役だつものをつくるのも喜ばれます。このような、はたらきをもった作品の表現ができるのも折り紙のおもしろい特徴です。

動きをあたえる

折り紙は、折ること、できあがった作品を見て楽しむことだけでなく、折ったものを動かして楽しむことができます。紙飛行機もこういった作品のひとつでしょう。

《ぴょんぴょんがえる》（伝承作品）。

《サンタクロース》（西川誠司）。サンタクロースのふくろの部分に、実際に小さなプレゼントが入れられるくふうをした作品（→p54に折り図）。

角度の統一

現在の精巧につくられたリアルな折り紙には、一見して折り紙とわからない作品もふえてきました。一方で、紙を折ってつくられていることをきわだたせるために、かぎられた角度でつくられたデザインをねらってつくることもできます。

折り紙は《鶴》や《やっこさん》に代表されるように22.5度（直角の4分の1）や45度の角度で作品がかたちづくられることが多く、これも折り紙らしいデザインのひとつといえます。下は、ちょっと角度をかえてみて15度を基本とするデザインをくふうしたものです。

《15度のネコ》（西川誠司）と、展開図。

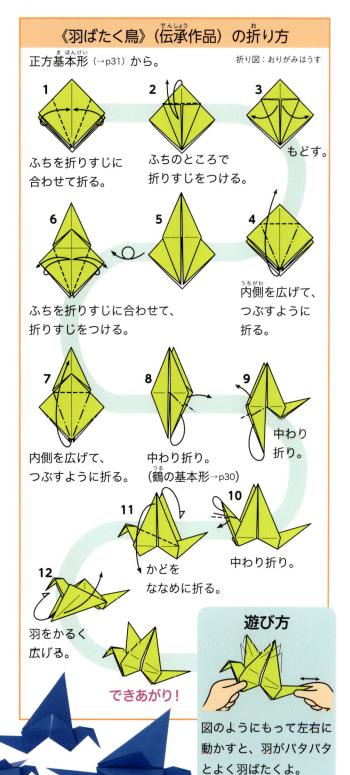

《羽ばたく鳥》（伝承作品）の折り方

正方基本形（→p31）から。　　折り図：おりがみはうす

1. ふちを折りすじに合わせて折る。
2. ふちのところで折りすじをつける。
3. もどす。
4. 内側を広げて、つぶすように折る。
5.
6. ふちを折りすじに合わせて、折りすじをつける。
7. 内側を広げて、つぶすように折る。
8. 中わり折り。（鶴の基本形→p30）
9. 中わり折り。
10. 中わり折り。
11. かどをななめに折る。
12. 羽をかるく広げる。

できあがり！

遊び方

図のようにもって左右に動かすと、羽がパタパタとよく羽ばたくよ。

パート1　折り紙の秘密　37

9
折り紙の表現いろいろ③

ユニット折り紙は、カラフルでとてもファンの多い分野です。
また、ねじり折りなどの高度な技法を駆使して、さまざまな折り紙表現がなされています。

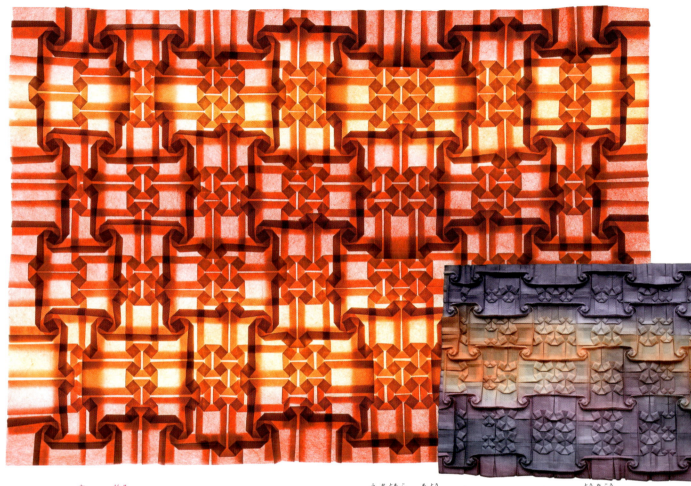

布施知子の模様折り（テッセレーション）作品。透過光（上）ですがたをかえる。

ユニット折り紙／多面体

折り紙のひとつの分野で、いくつもの同じ部品を組みあわせてくす玉などをつくるユニット折り紙も、とても人気があります。最近ではこれを発展させて、カラフルな多面体がくふうされています。組みあわせ方のくふうや色あわせのくふうなどを楽しむことができます。

ユニット折り紙のさまざまな作例（川村みゆき）。

ねじり折り

写真のバラは《川崎ローズ》とよばれる作品です。ねじり折りで紙の中心がうずをまくようにきれいに折りたたまれて、

《川崎ローズ》（川崎敏和）。

そのようすをみごとなバラの花に見立てた傑作です。

ねじり折りを平面いっぱいにくりかえすときれいな模様折りが生まれます。窓ガラスなどにはると折り線が影になって見えて、きれいです。

曲線をまじえる

　折った線は直線ですが、直線をいくつも組みあわせると曲線に近い折り線をつくることができます。右のようにコンピュータをもちいて曲線をえがき、それにそって折っていくときれいな曲線をふくむ立体をつくることができます。

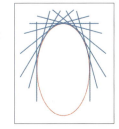

直線の集まりが曲線をつくる。

お札で折る

　手近にある紙といえば、たとえばお札があります。とくに、アメリカの1ドル紙幣で折る折り紙に人気があり、多くの作品が発表されています。

　また、かわったところではティーバッグのつつみ紙で折ることなどもおこなわれます。

お札折りの例、《カメラ》（ウオン・パク）。

曲線をまじえた造形の作例《ホイップクリーム》（三谷純）。

《ティーバッグのトナカイ》（前川淳）。

ウエットフォールディング

　ウエットフォールディングは、曲線や紙の表面のびみょうな表情をたもつために、紙を水でぬらしてから折る表現方法です。

　紙は、植物の細かい繊維どうしが折りかさなってできています。水は、紙の繊維どうしのつながりを弱めるはたらきがあります。ぬらしてやわらかくなった紙で折り紙をした後にかわかすと、繊維どうしのつながりがふたたび強くなり、折った状態でかたまります。

ウエットフォールディングの作例《ライオン》（ホアン・ティン・クエット）。

パート1　折り紙の秘密　39

折り紙の科学

折り紙の世界の大きな流れとして、近年では、折り紙の技術を科学的に研究することがさかんにおこなわれています。

折り紙研究の国際会議

1989年に、当時イタリアにすんでいた物理学者、藤田文章のよびかけで、第1回目の折り紙の科学に関する国際会議が開かれました。その後、折り紙を科学的に研究する国際的な集まりが数年おきに開かれています。第2回（1994年）、第6回（2014年）の国際会議は日本で開かれました。

折り紙に関する科学的研究は、数学、工学、生物、医療、文化、歴史と、とてもはば広い分野にわたっています。

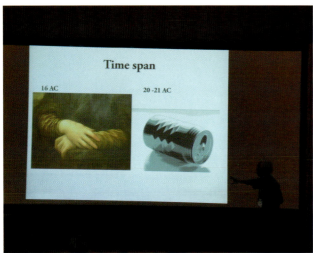

国際会議のようす。研究発表を熱心に聞く折り紙の研究者たち。

折り紙の設計技法

目的のかたちを折ってつくるにはどうすればよいかという問題を研究します。いまでは、コンピュータによる展開図の設計ができるようになっています。また、紙が折られてかたちが変化するようすをコンピュータ画面のなかで再現して見ることもできるようになりました。

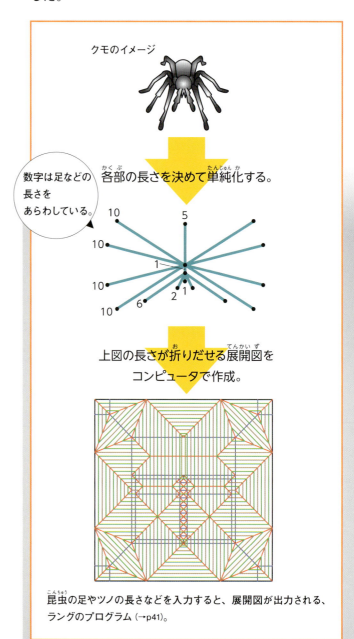

昆虫の足やツノの長さなどを入力すると、展開図が出力される、ラングのプログラム（→p41）。

アメリカの折り紙作家であり工学博士でもあるロバート・ラング（→p9）のプログラムは、つくりたい昆虫の足の長さなどを入力すると、それを折るための展開図を自動的につくってくれるものです。また、筑波大学の三谷純のプログラムは展開図を入力すると、できあがりのようすをコンピュータが示してくれます。

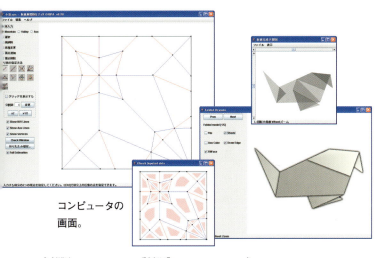
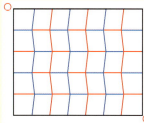

コンピュータの画面。

三谷純のプログラム。展開図を入力すると、折りあがりのかたちが画面上に表示される。

ミウラ折り

「ミウラ折り」は、東京大学名誉教授の三浦公亮が1970年に発表した折り方で、下のように平行四辺形がしきつめられたもの。紙の2か所（○の部分）を動かすだけで、全体をとじたり開いたりできるしくみになっていて、開きやすい地図に応用されるなどしている。また、宇宙空間で人工衛星から太陽電池パネルを広げるしくみに応用することも考えられている。

「ミウラ折り」の展開図（上）と、折り紙の技術が応用されたコーヒー缶（下）。

ラングのプログラムによる《タランチュラ》。

工学・建築分野への応用

人工衛星の太陽電池パネルの折りたたみ（→p41）や、自動車のエアバッグの折りたたみなど、折り紙の技術を工学分野へ活用する研究がおこなわれています。また、紙はしなやかにまげることができるので、曲線・曲面をふくむ構造をどのように設計するかという問題も研究分野として重要です。さらに、実際に工業製品に応用するためには、素材のあつさを考えたり効率的に加工したりする技術開発も重要になります。最近では自動的に折りたたまれる素材の研究や、ロボットへの応用なども注目されています。

東京大学で建築学を研究している舘知宏は、下のような折り紙の原理をもちいて、強くて折りたためもできる建物へ応用することに取りくんでいます。

舘がコンピュータで設計した、複雑なドーナツ型の立体折り紙。

 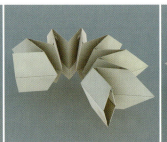  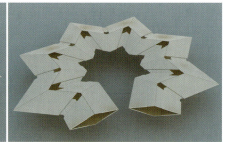

平らに折りたためる折り線の不思議

右の**図1**を開いてみよう。★の頂点に注目すると、谷折り線（青）が3本、山折り線（赤）が1本となっている。次に**図2**のように折って開いてみよう。同じように★の頂点に注目すると、谷折り線（青）が3本、山折り線（赤）が1本となっている。

このように折りたたまれた点のまわりの谷折り線と山折り線の差はかならず2本になる。いろいろな折り紙で調べてみよう。

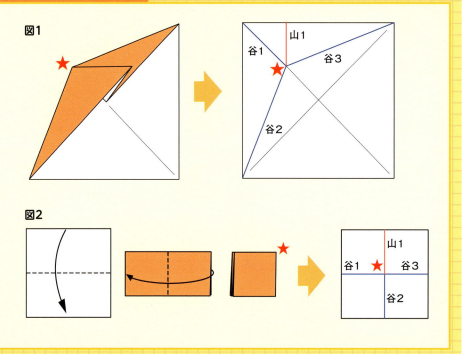

生物との関係・医療分野

テントウムシの羽は小さく折りたたまれ、飛ぶときにはそれがおどろくほど大きく強く広がります。植物の花は、はじめにつぼみという折りたたまれた状態でつくられます。このようなしくみをさぐるために、折り紙の知識が役にたちます。また、最近では、細胞どうしが引きつけあう力を使って、細胞でミクロな折り紙をこころみる研究などもあります。

テントウムシの羽の折りたたみ。実線が山折り、点線が谷折り（折り線が強調されている）。
資料提供：東京大学生産技術研究所助教　斉藤一哉氏

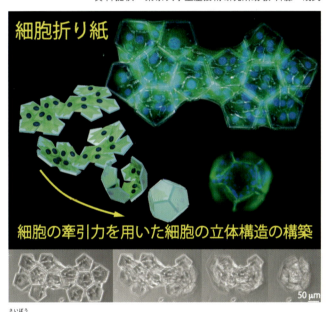

細胞どうしが引きあう力で、細胞を立体的に折りあげる。
資料提供：北海道大学 高等教育推進機構特任准教授 繁富香織氏

折り紙の歴史研究

現在も、折り紙の古い資料があらたに発見されています。折り紙がどのように発展してきたかなどの歴史研究がおこなわれています。

たとえば、日本で折り鶴が誕生した正確な時期はまだはっきりしていません。日本刀の刀工、後藤栄乗作で、関ヶ原の戦い（1600年）＊以前の制作と鑑定されている刀装具に折り鶴の模様が見つかり、現在のところ最古の資料ではないかと考えられています。

＊豊臣秀吉の死後、徳川家康を総大将とする東軍と、豊臣家のトップだった石田三成を中心とする西軍が、日本全国の支配権をあらそった戦い。

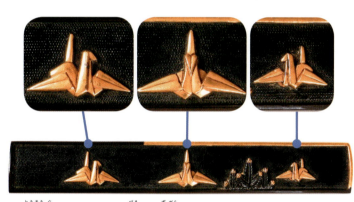

刀装具に見られる《折り鶴》の図柄。
資料提供：日本刀剣保存会理事　中西祐彦氏

折り紙と教育

折り紙をもちいた教育法についても研究されています。幼児教育から、折り紙と多角形の関係など、高校・大学レベルの数学教育の教材としてまで、折り紙を活用する方法が数多く提案されています。

正三角形を折る

折り紙では、折るだけで紙の辺をいくつかに等分したり、正多角形をつくったり、かどを3等分したりできる。ここでは、正三角形を折りだす方法を紹介しよう。

①
まんなかに折りすじをつける。

②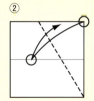
右上のかどを折りすじにかさねて折る。

③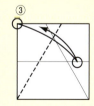
左上のかどを折りすじにかさねて折る。

④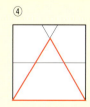
まんなかにできた三角形が、正三角形になる。

パート2 さあ折ってみよう

1 シンプルライオン 見立てる

作者：西川誠司　折り図：おりがみはうす

単純なかたちがとつぜん何かに見えることがあります。
このかたちは、ライオンに見えますか？

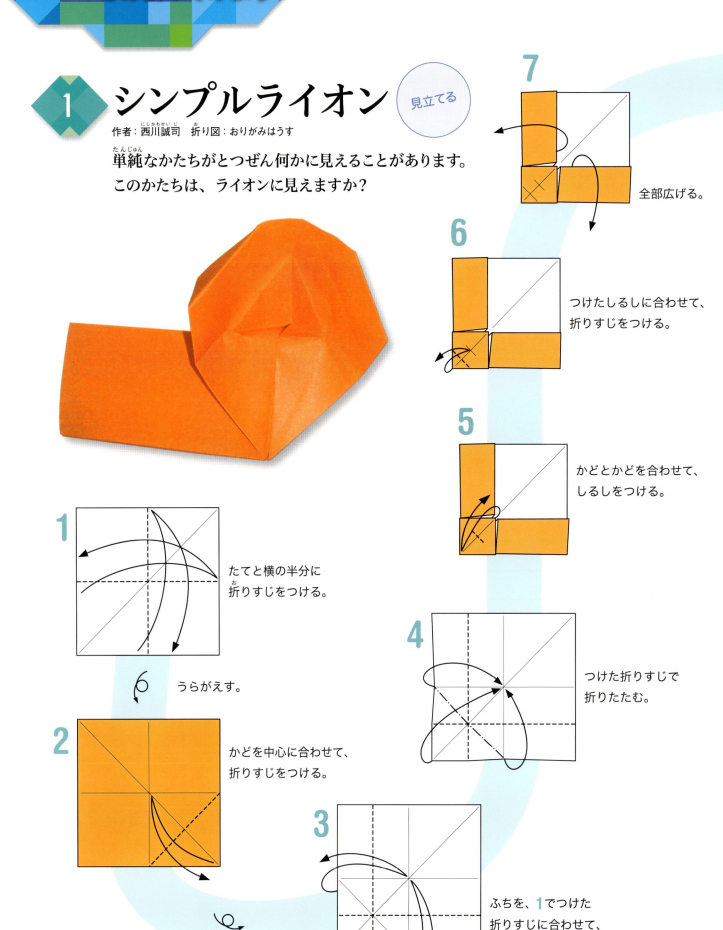

1 たてと横の半分に折りすじをつける。

うらがえす。

2 かどを中心に合わせて、折りすじをつける。

3 ふちを、1でつけた折りすじに合わせて、折りすじをつける。

4 つけた折りすじで折りたたむ。

5 かどとかどを合わせて、しるしをつける。

6 つけたしるしに合わせて、折りすじをつける。

7 全部広げる。

※記号の見方はp31を参照。

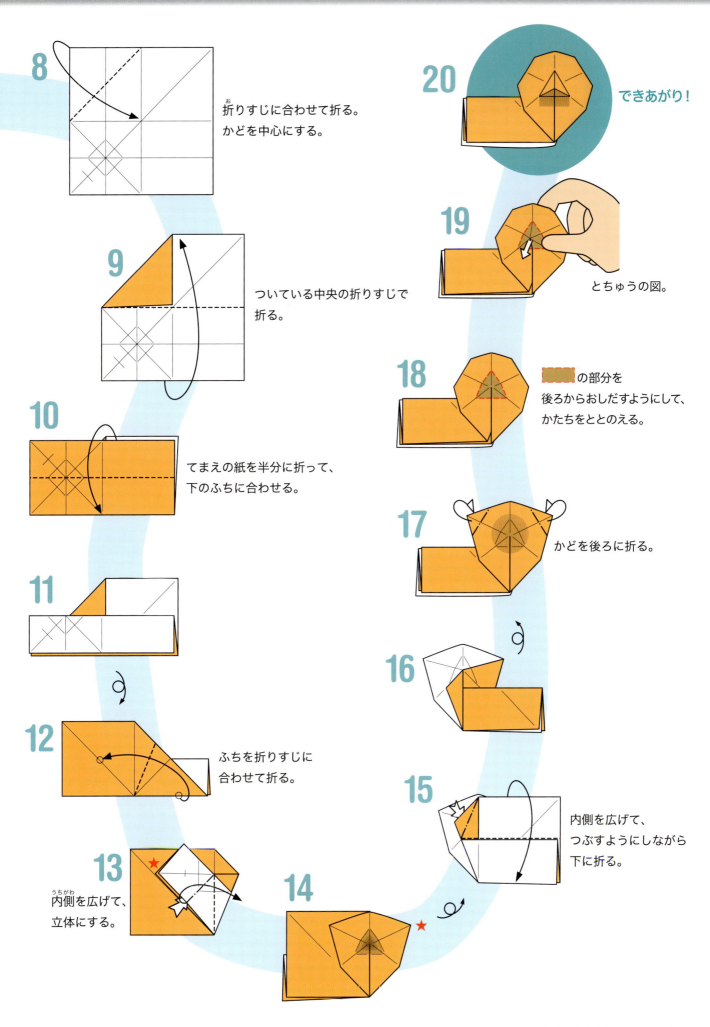

2 Ａ４のつつみとハートのかざり

長方形の用紙

作者・折り図：西川誠司

折り紙は正方形とはかぎりません。
身近なコピー用紙を使って、
つつみを折ってみましょう。

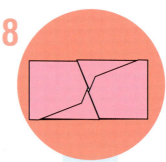

Ａ４のつつみ

1 折りすじをつける。

2 折りすじをつける。

3 折りすじをつける。

4 ○のところをへこませるようにして、山谷折り線にしたがってまとめる。

5 反対側も同じように。

6 ○の紙と△の紙を入れかえる。

7 まんなかのすきまにかどをさしこみ、谷折り線をしっかり折る。

8 6までもどして、なかに手紙などを入れる。

46

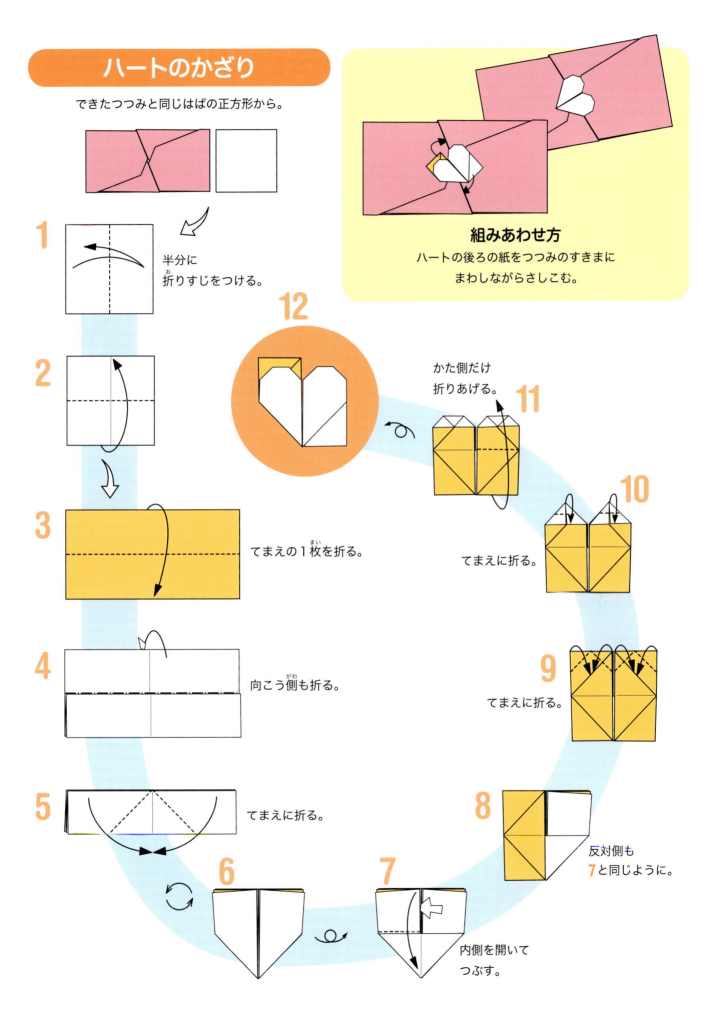

3 トリケラトプス

作者・折り図：西川誠司

 複合折り
 基本形の応用

2枚を組みあわせて恐竜をつくってみましょう。
この作品はのりを使わないで組みあわせるくふうをしました。

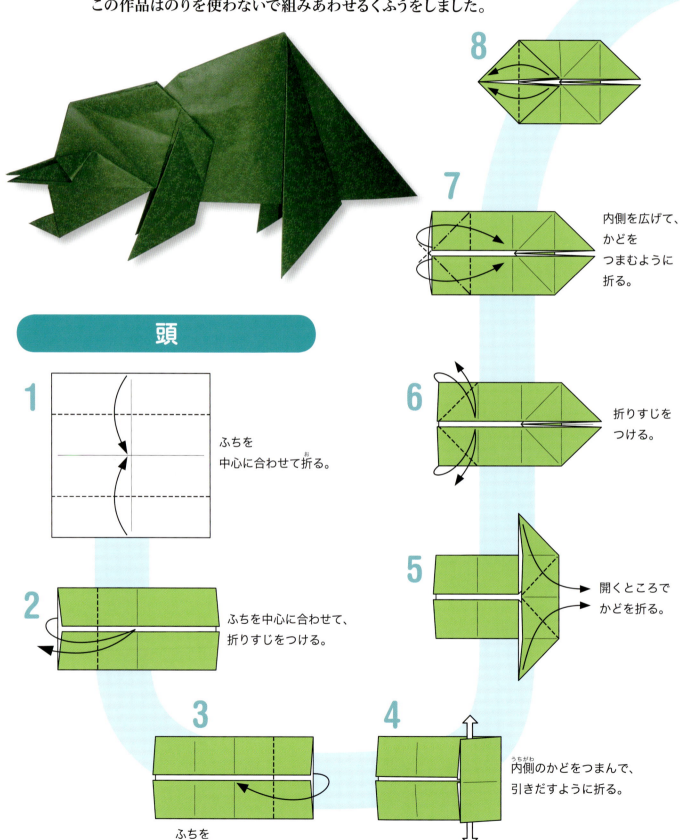

頭

1. ふちを中心に合わせて折る。
2. ふちを中心に合わせて、折りすじをつける。
3. ふちを中心に合わせて折る。
4. 内側のかどをつまんで、引きだすように折る。
5. 開くところでかどを折る。
6. 折りすじをつける。
7. 内側を広げて、かどをつまむように折る。
8.

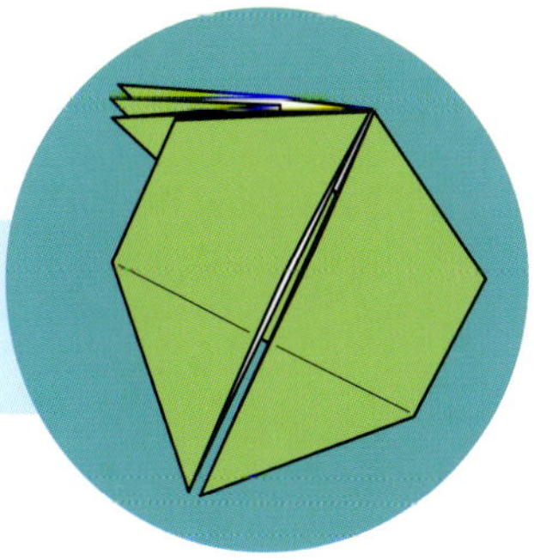

胴体　その①

風船の基本形（→p31）からはじめる。

9　折りすじをつける。

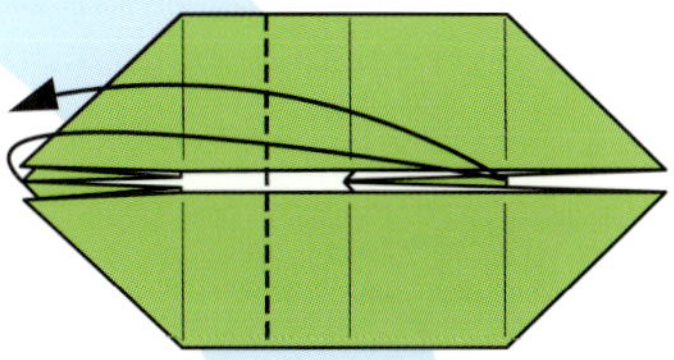

10　向こう側に折る。

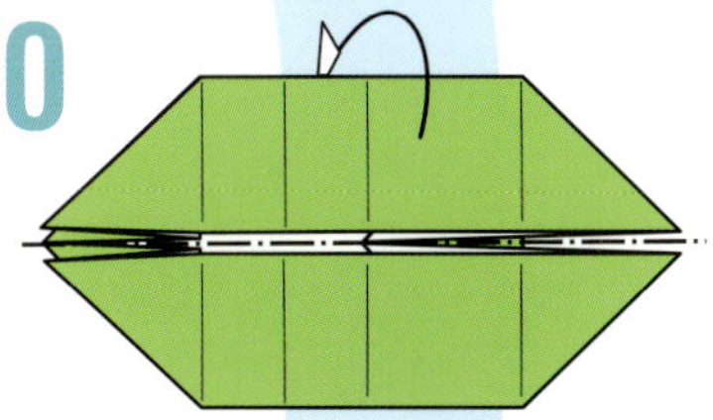

11　○をとおる谷折り線で、●を上の辺に合わせるように折る。

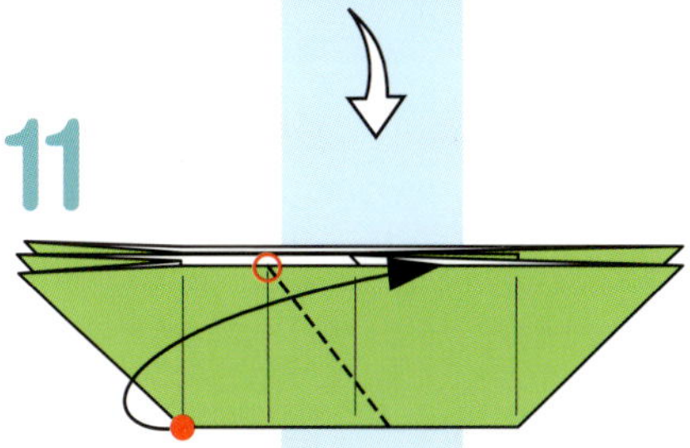

12　もどす。

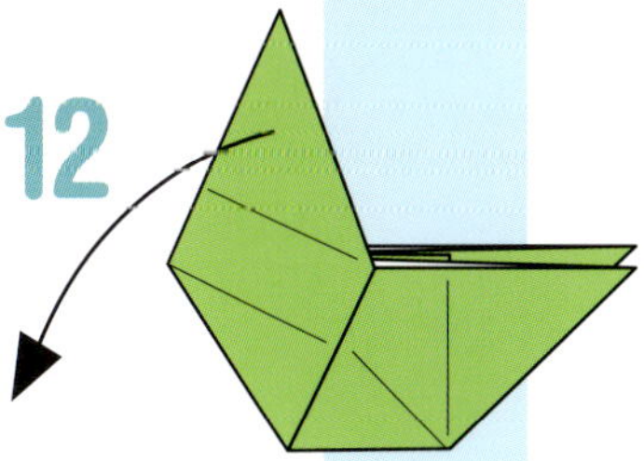

13　中わり折り。

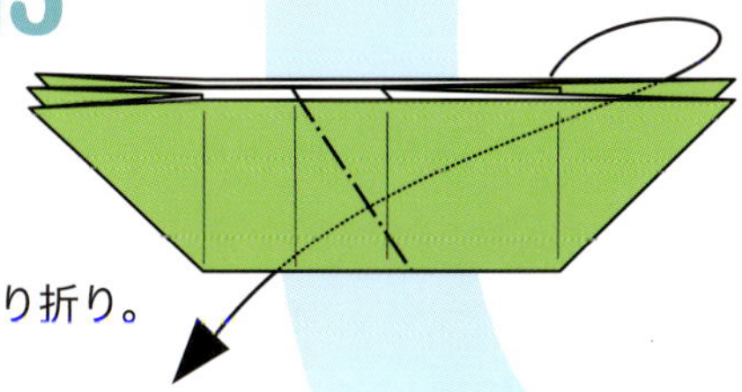

14　てまえに開く。

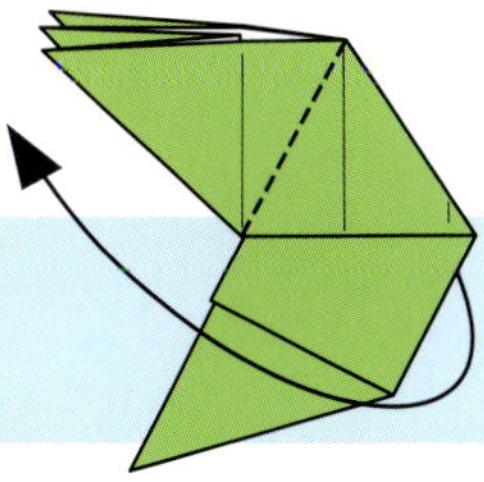

15

1

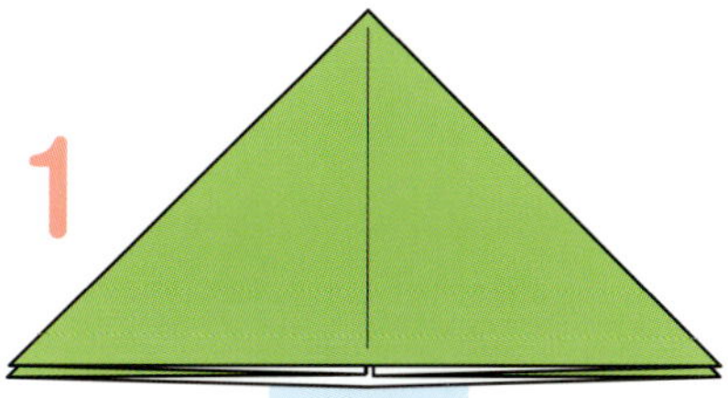

2 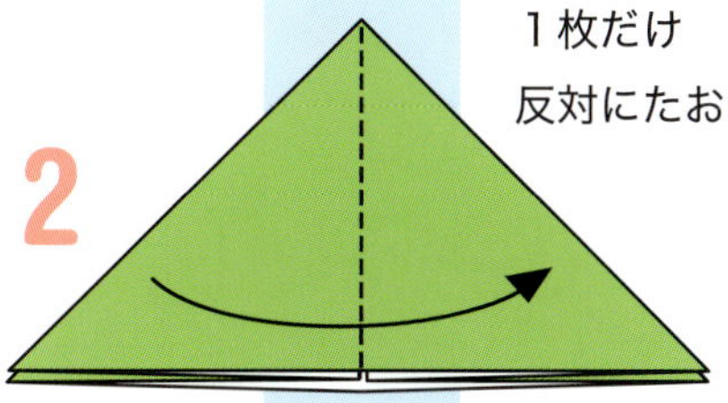　1枚だけ反対にたおす。

3　上のかどを少し折る。

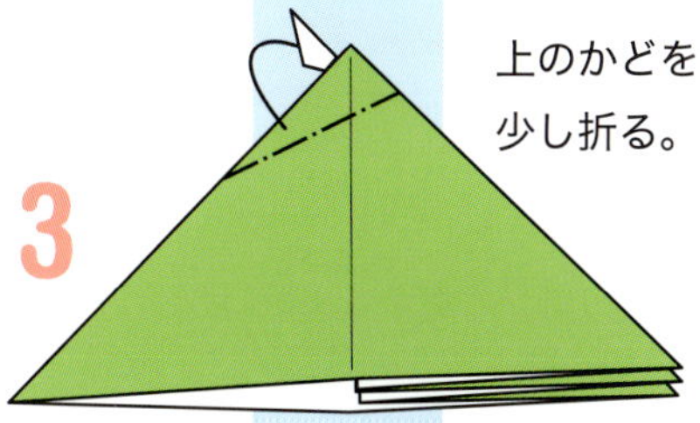

パート2　さあ折ってみよう

胴体 その②

胴体は前ページのように風船の基本形からかんたんにつくれます。でも、つぎのようにちょっとしたテクニックで背中のまとまりをよくすることができます。こういうくふうも折り紙のおもしろさのひとつです。

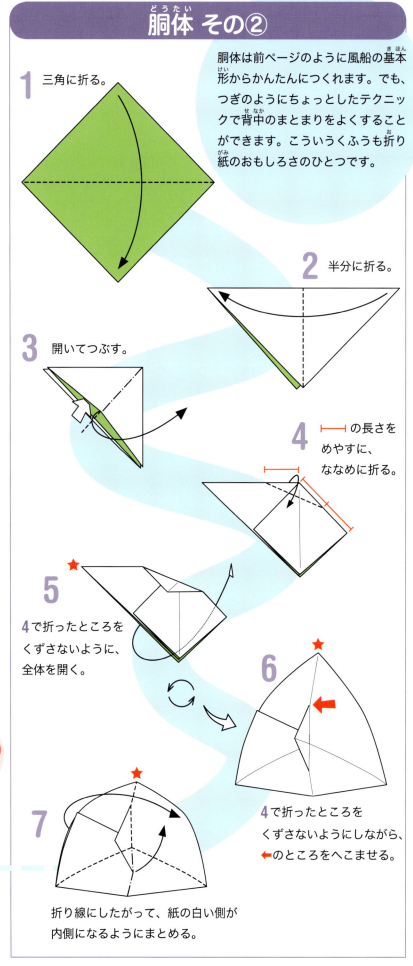

1 三角に折る。
2 半分に折る。
3 開いてつぶす。
4 ⊢⊣の長さをめやすに、ななめに折る。
5 4で折ったところをくずさないように、全体を開く。
6 4で折ったところをくずさないようにしながら、←のところをへこませる。
7 折り線にしたがって、紙の白い側が内側になるようにまとめる。

胴体 その①の 4 へ。

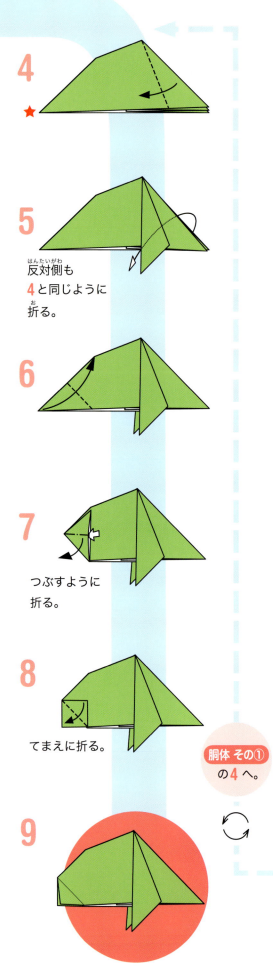

4
5 反対側も 4と同じように折る。
6
7 つぶすように折る。
8 てまえに折る。
9

頭と胴体の合体

頭 (→p49)　胴体

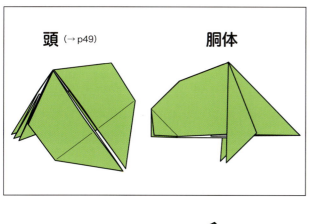

できあがり！

1 図のように、すきまにさしこむ。

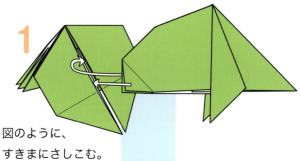

8 中わり折り。

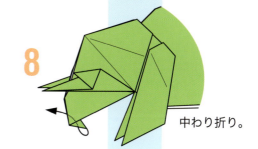

2 てまえに折る。

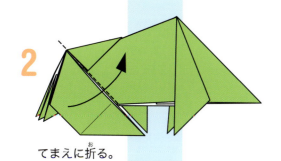

7 ツノをてまえに折る。
反対側も向こう側に折る。
口を中わり折り。

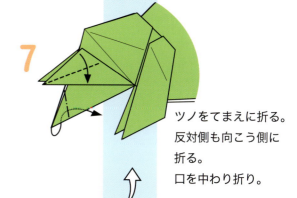

3

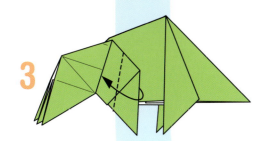

6 かどをななめ前に折る。

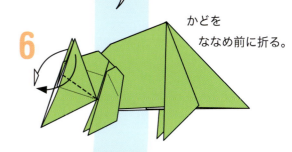

4

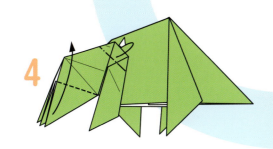

5 反対側も3〜4と同じように折る。

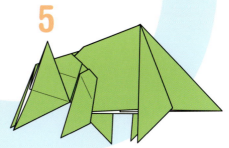

パート2　さあ折ってみよう　51

4 クリスマスツリー 複合折り

作者・折り図：山口真

大きさのちがう紙を何枚か使った作品です。
サンタクロースや星を小さく折ってのせると、
いっそうかわいらしくなりますよ（→p36）。

葉

正方基本形（→p31）からはじめる。

1 かどのところで折る。

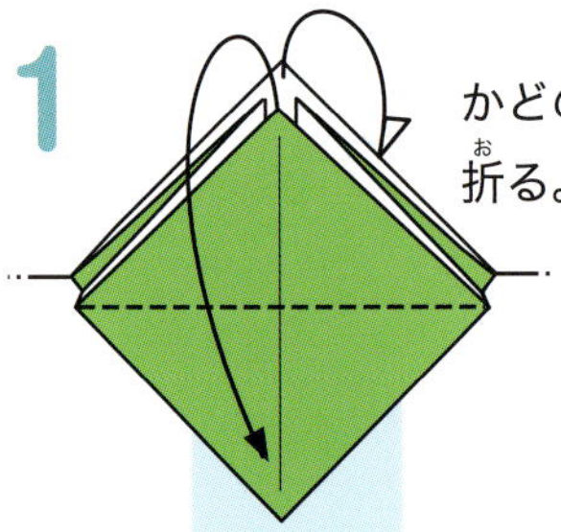

2 もどす。

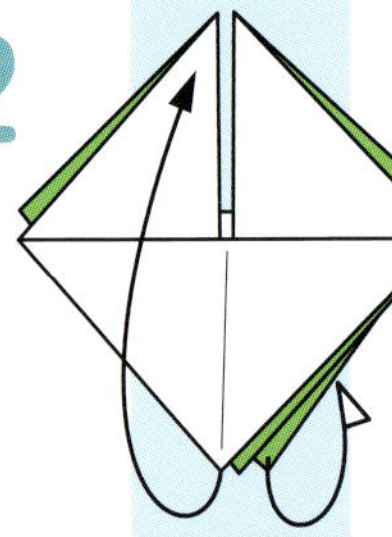

3 それぞれ反対側へ折る。

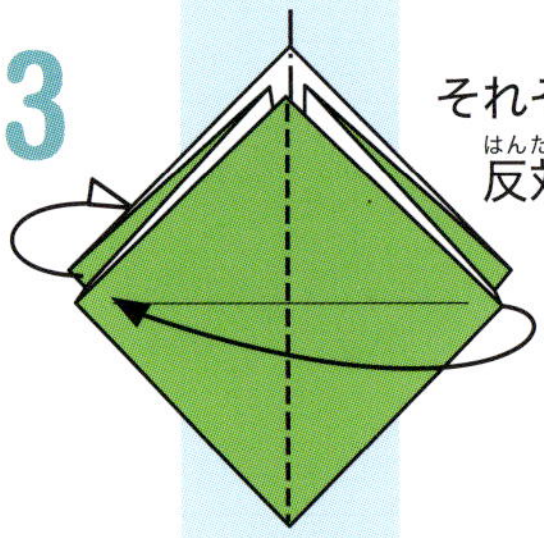

4 かどのところで折りすじをつける。

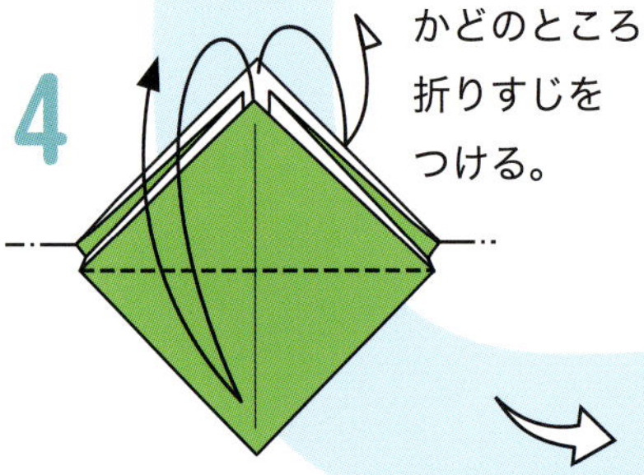

5 かどとかどを合わせて折る。

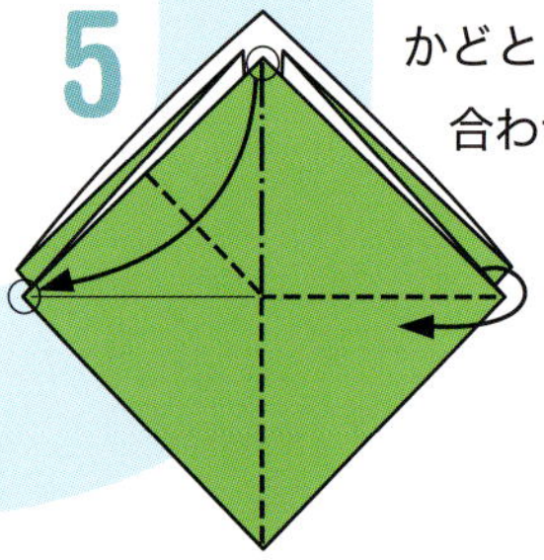

6 ■の部分を後ろのすきまに折りこむ。

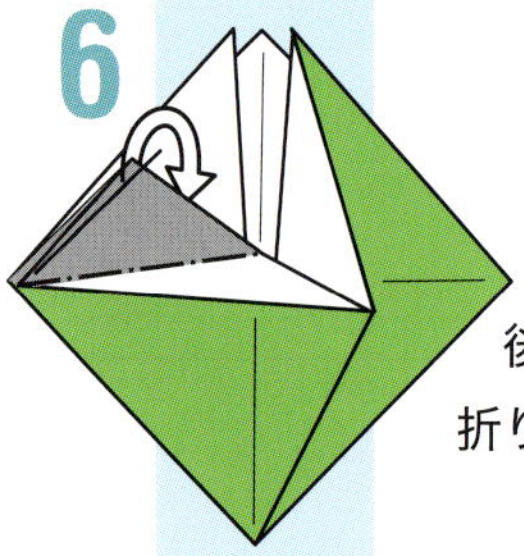

7 しっかりと折りすじをつけてからもどす。

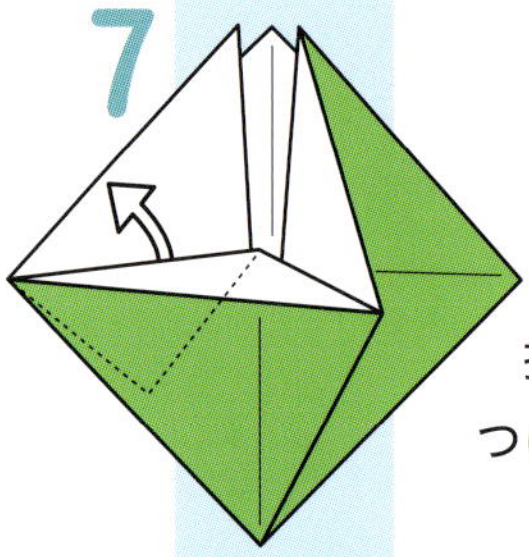

8 のこりも 5〜7 と同じように折る。

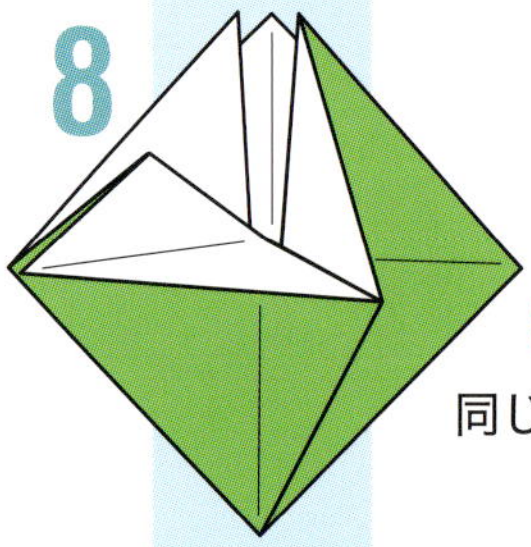

9 ■の部分のかどをすきまに折りこむ。

10 とちゅうの図。ていねいに最後まできちんと折りこむ。

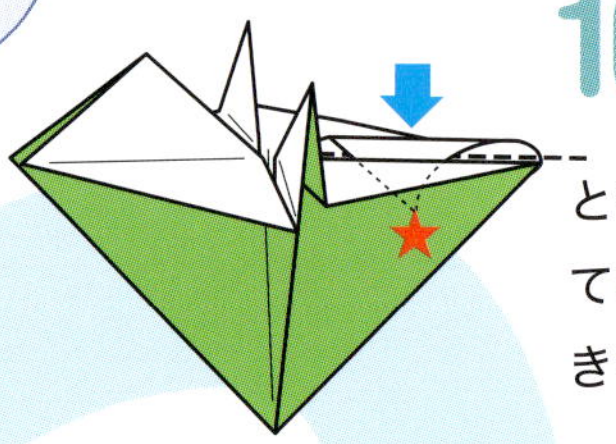

11 のこりのかども 9〜10 と同じように折る。

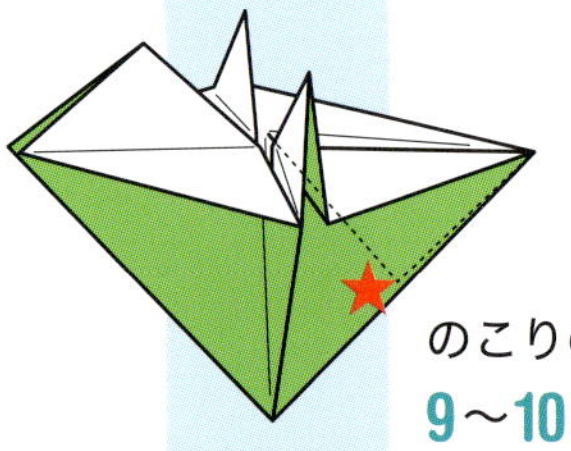

12

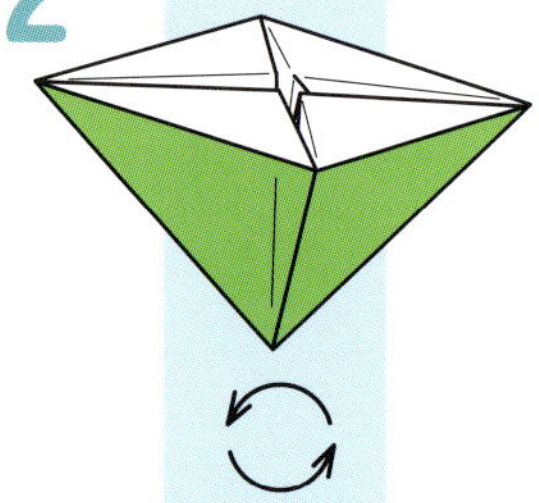

13

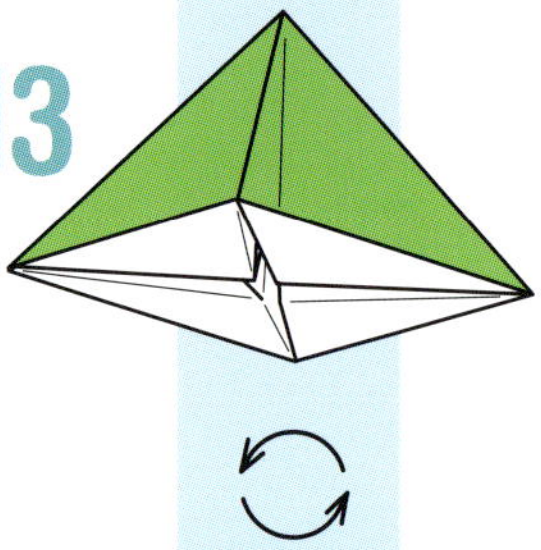

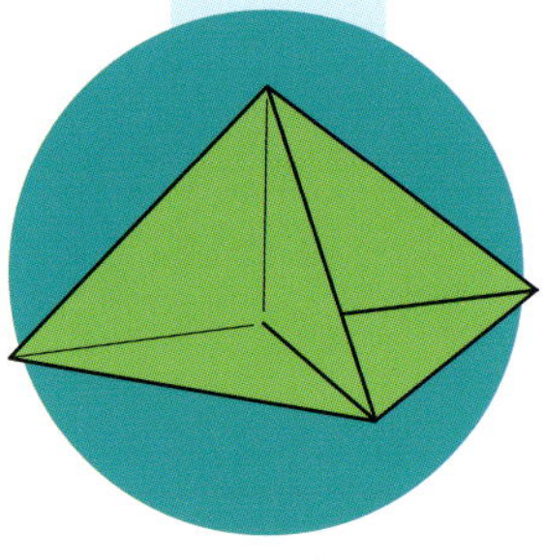

できあがり！

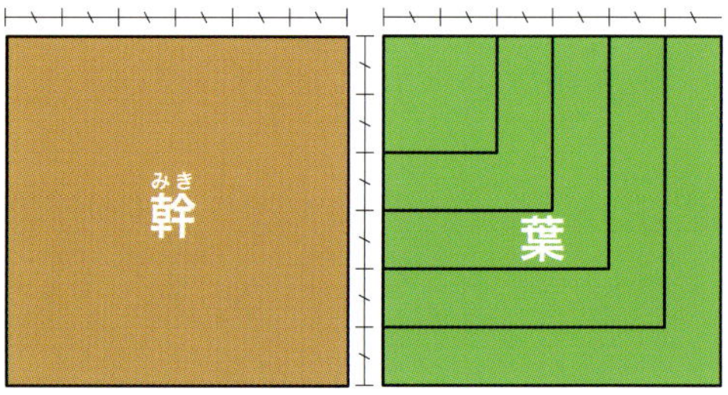

〔葉〕の紙の比率はめやすです。

52

幹(みき)

正方基本形(→p31)からはじめる。

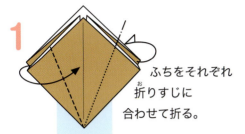

1 ふちをそれぞれ折りすじに合わせて折る。

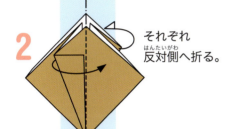

2 それぞれ反対側へ折る。

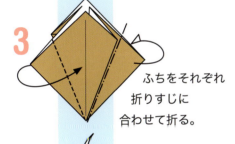

3 ふちをそれぞれ折りすじに合わせて折る。

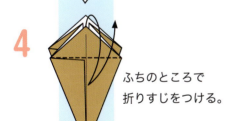

4 ふちのところで折りすじをつける。

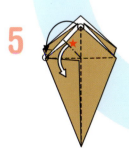

5 上のかどと左のかどを合わせて折る。

6 しっかりと折りすじをつけてからもどす。

7 折りすじをつけたかどをすきまに折りこむ。

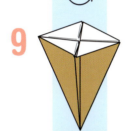

8 のこりも4〜7と同じように折る。

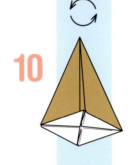

9

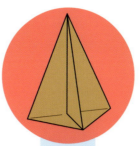

10

できあがり！

組みあわせ方

少しずつ大きさのちがう紙で5個の〔葉〕をつくり、下から順にさしこむ。

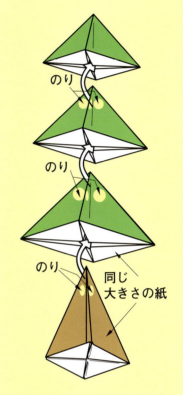

ところどころに少しずつのりをつけてとめる。

できあがり！

パート2 さあ折ってみよう 53

5 サンタクロース

作者：西川誠司　折り図：小松英夫

表裏の色を生かして、2つのものを機能をもたせる

造形にちょっとした機能をもたせるのも、折り紙の魅力です。後ろのふくろにプレゼントを入れて、クリスマスパーティーなどで使ってみましょう。

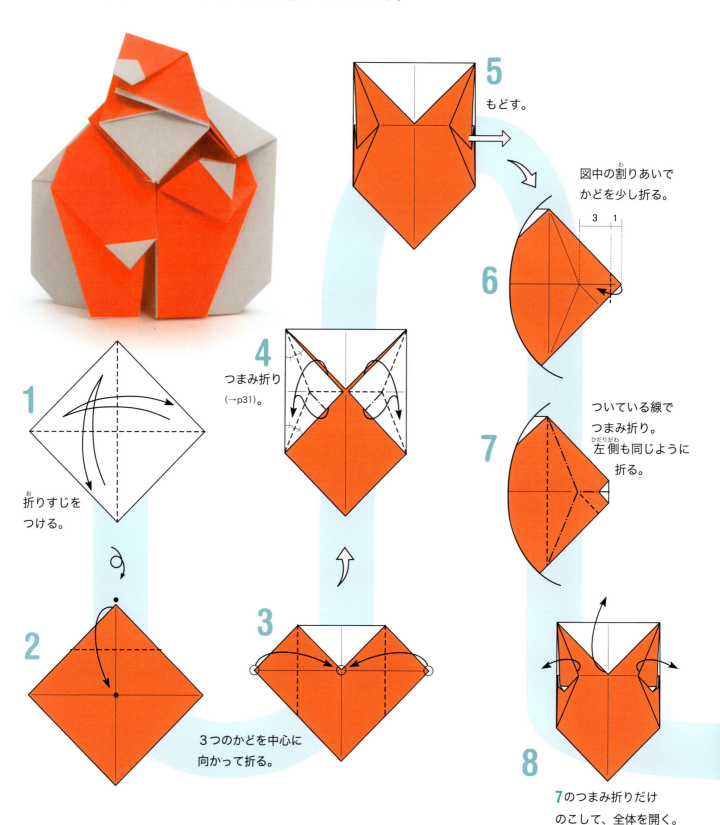

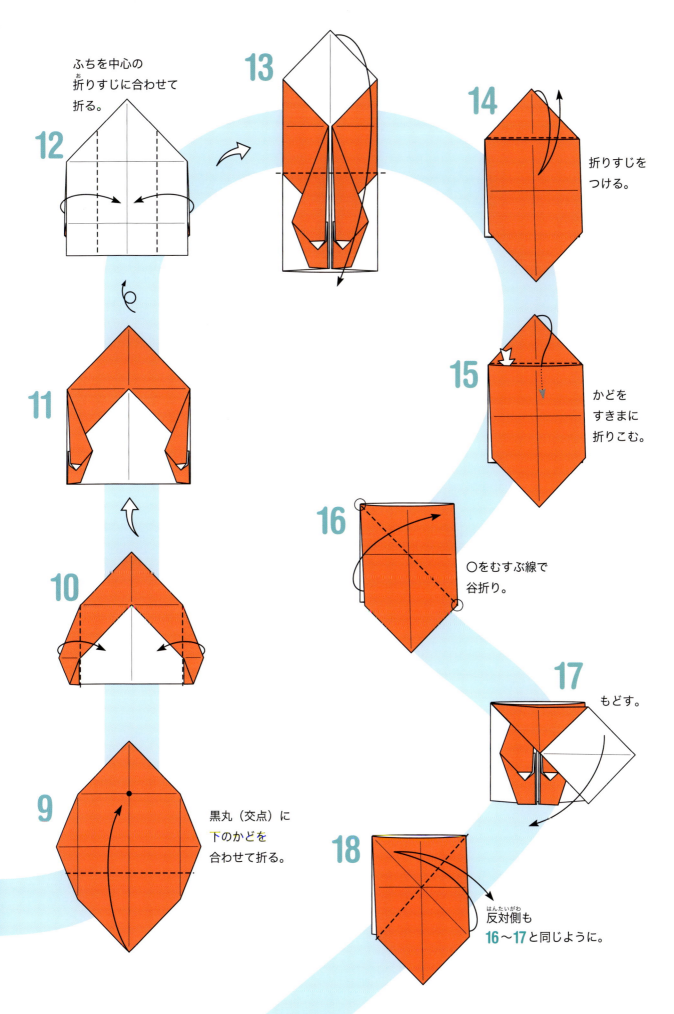

パート2 さあ折ってみよう 55

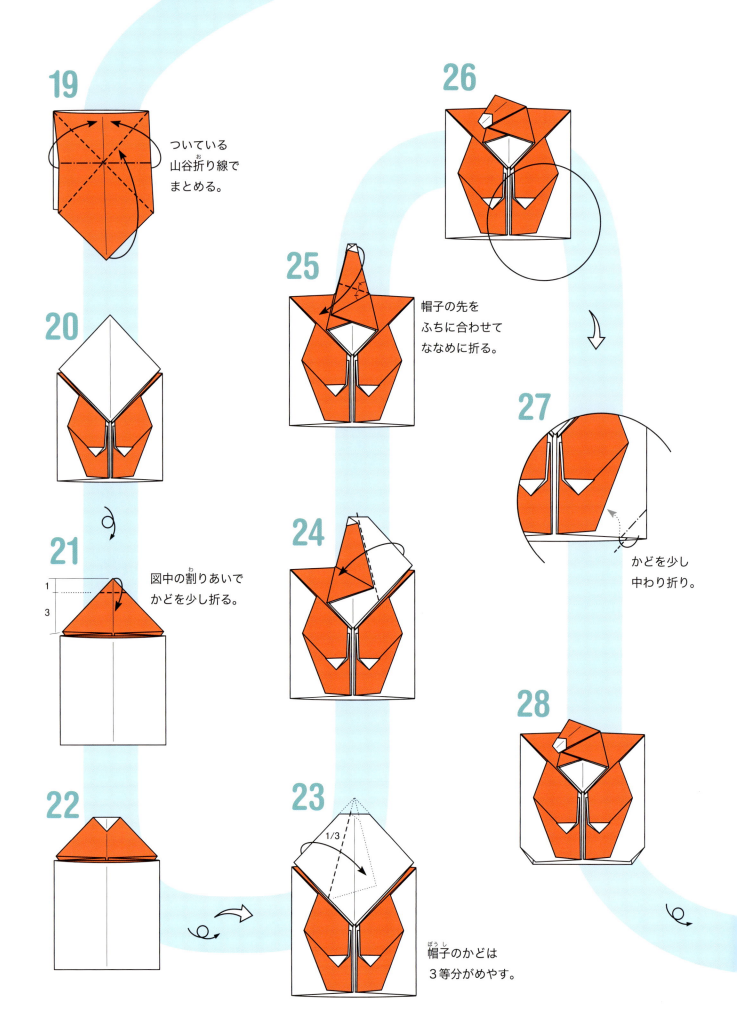

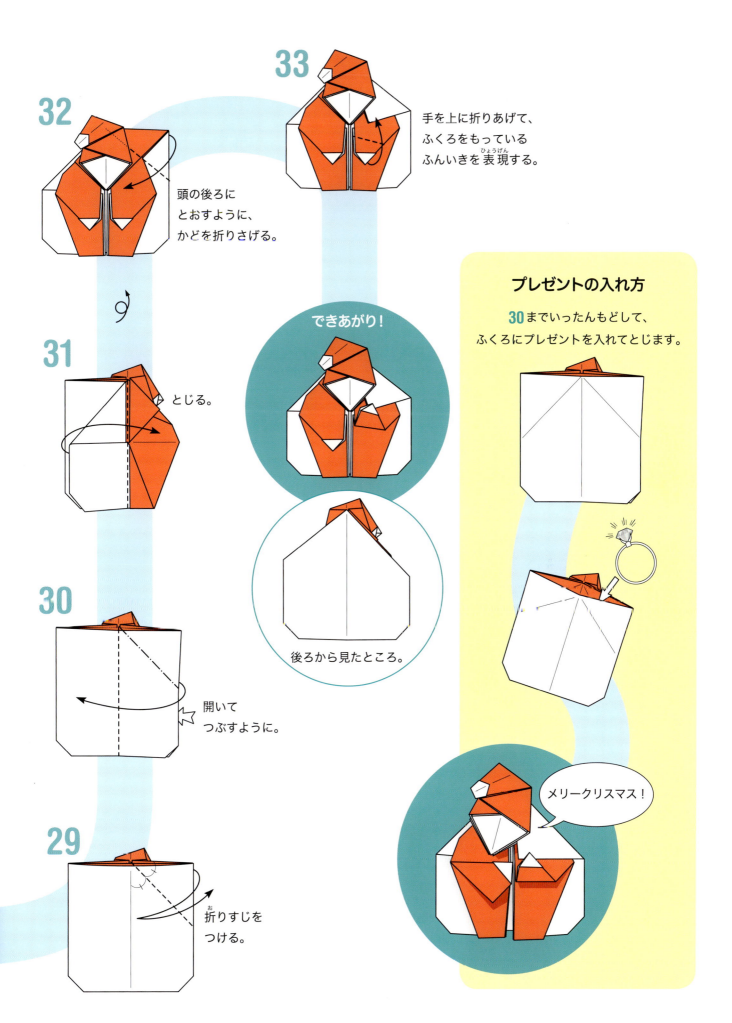

6 すべての面が3のサイコロ

作者・折り図：前川淳

ユニット折り紙は組むおもしろさがあります。
何色かちがう色を使ったり、模様のついた紙を使ったりして、
いろいろな表現を楽しみましょう。

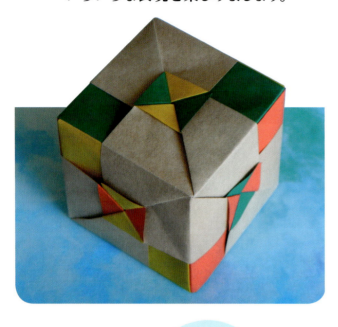

6枚使いますが、
3色で2枚ずつが
よいでしょう。

1 対角線の折りすじをつける。

2

3 ふちを折りすじに合わせて折る。

黒丸どうしを合わせるようにして折りすじをつける。

4 黒丸どうしを合わせるようにして折る。

5 もどす。

6

7 黒丸どうしを合わせるようにして折る。

ずれるのが正しい。

8 黒丸どうしを合わせるようにして折る。

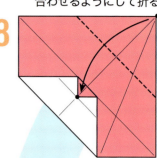
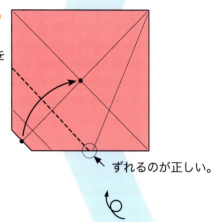
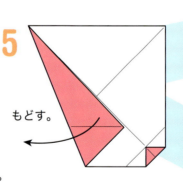
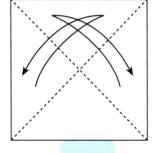
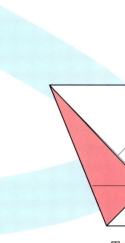
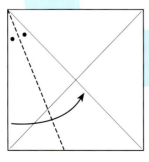

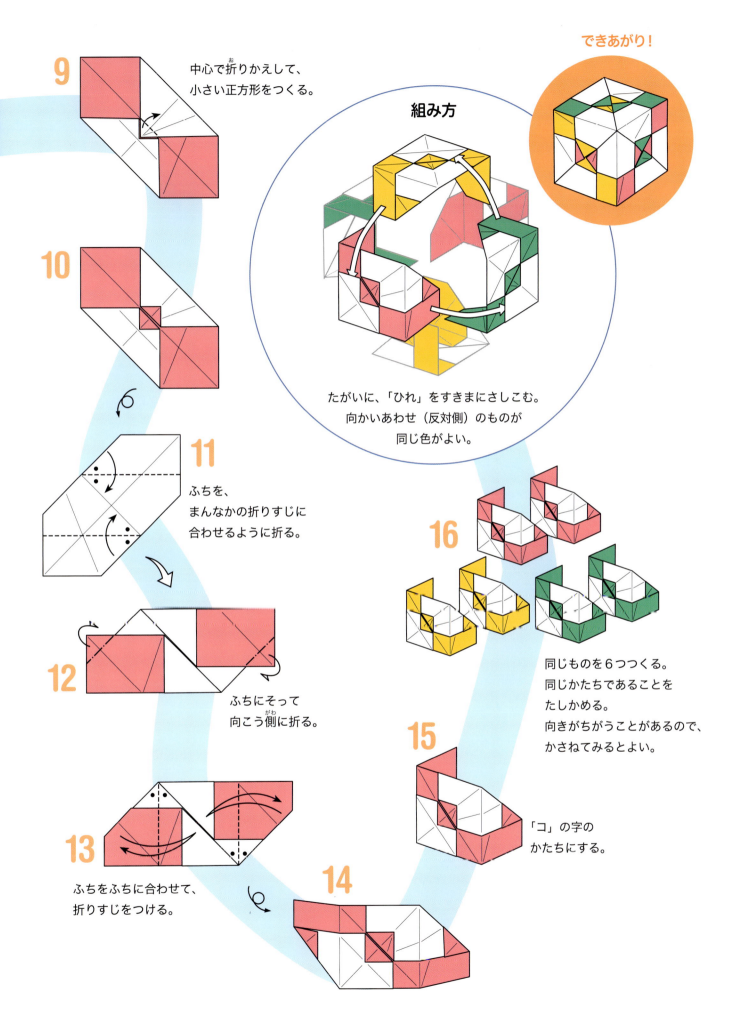

おわりに

現在、折り紙の世界はどんどん広がっています。それは遊びというわくをこえて、数学や科学の研究材料となり、工業製品や日用品に原理が取りいれられ、宇宙開発や医療技術の一端をになうようにもなっています。また、世界の折り紙作家たちは、複雑で、リアルな作品を制作したり、新しい芸術領域への挑戦もつづけています。紙を折るというそぼくなおこないがこのようなゆたかな世界を生みだすのは、ほんとうに興味深いことです。

本書をまとめる機会をいただき、長いあいだ折り紙にかかわってきたわたし自身、新しい発見やおもしろさを再認識することができました。日本の折り鶴の歴史にも新しい発見が次つぎに見つかっています。また、ヨーロッパの古い折り紙について調べるうちに、19世紀のすばらしい絵画の存在にはじめて気づくことができました。そして、なんという幸運でしょうか！ 2016年の秋に上野で開催されたデトロイト美術館展でその本物を間近に見ることができたのです。折り紙を見て喜ぶ赤ちゃんとそれをかこむ大人たちの楽しげなさまは、折り紙のもつ魅力をみごとにえがきだしていました。折り紙にはほんとうに、その時代に合わせて人を幸せな気もちにさせる不思議な力があります。

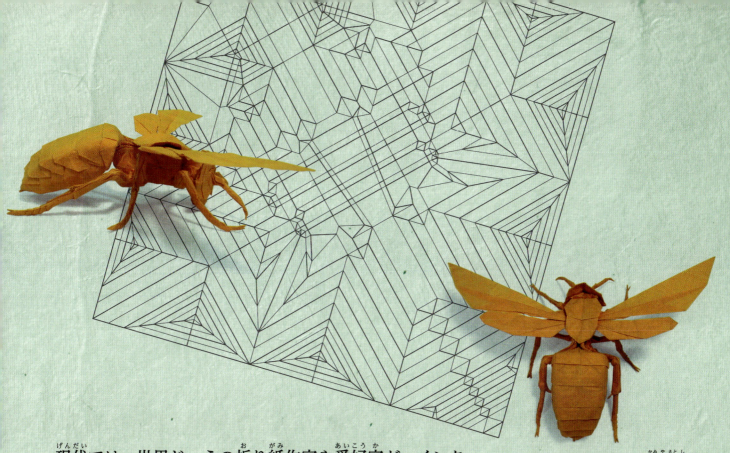

《スズメバチ》(神谷哲史)。

　現代では、世界じゅうの折り紙作家や愛好家が、インターネットをつうじて自分の作品をどんどん発表しています。ネットをつうじた画像投稿は、さまざまな芸術作品の制作過程を見せるというおもしろさを発見させてくれます。折り紙が本来もっている工程のおもしろさも、このようなコンピュータとインターネットによって新しい可能性がもたらされるのかもしれません。

　本書では巻頭で、日本と世界の折り紙作家たちのすばらしい作品を紹介し、最後に、実際の作品の折り方をいくつか紹介しています。そのなかから、ひとつでもふたつでも、折り図を見ないで折れるようになったり、さらには自分のオリジナルの作品を創作したりするようになれば、日本国内でも外国でも、まわりに人びとが集まり、多くの友人がえられることでしょう。そんな喜びを、ひとりでも多くの人に経験してほしいと願っています。

日本折紙学会　西川誠司

さくいん

あ

- アート 2, 7, 20
- 悪魔 17, 33
- アルバレス、マニュエル・シルゴ 8
- 井原西鶴 23
- イライアス、ニール 9
- ウー、ジョセフ 11
- ウエットフォールディング 13, 39
- 浮世絵 23, 29
- 浮世草子 23
- 内山興正 27
- オウ、フランシス 13
- お札 39
- オッペンハイマー、リリアン 9, 10, 27
- 折形 22
- 折形手本忠臣蔵 23
- ORIGAMI 6, 26, 27
- 折り紙建築 21
- 折り紙つき 22
- おりがみはうす 15, 19
- 折り技法 30
- 折り図 16, 18, 19, 26, 30, 31, 61
- おりすえ 23
- 折り鶴(鶴) 2, 17, 23, 24, 25, 29, 30, 32, 33, 37, 43, 60
- 恩物 25

か

- 笠原邦彦 8, 14, 27
- 紙飛行機 6, 8, 20, 37
- 神谷哲史 16, 34
- 河合豊彰 8, 27
- 川崎敏和 16
- 川崎ローズ 16, 38
- 川畑文昭 18
- 義道（魯稿庵） 23
- 基本形 26, 30, 31, 32, 33, 37, 52, 53
- グーベルジャン、ヘルマン・ヴァン 35
- 芸術(性) 2, 6, 7, 9, 23, 26, 27, 60, 61
- 見当 32, 33
- コウ、ロナルド 12
- 小松英夫 19
- 昆虫 6, 8, 16, 27, 32, 33, 34, 35, 41
- コンベンション 13, 27

さ

- 暫 34
- ジョワゼル、エリック 8, 36
- 正三角形 43
- 正方基本形 30, 31, 37, 52, 53
- 正方形 8, 10, 18, 22, 29, 32, 33, 35, 46, 47
- 設計 9, 27, 33, 40, 42
- 全国折紙王選手権 16
- 造形 8, 10, 11, 13, 20, 22, 33, 35, 36, 54

た

- 舘知宏 42
- 畳紙 22
- 谷折り線 21, 31, 32, 42
- 多面体 38
- 茶谷正洋 21
- 彫刻 8, 21
- 長方形 29, 46
- 千代紙 29

《16枚羽根の球体》（三谷純）。

鶴の基本形	30, 32, 33, 37
ディン、ジャン	10, 13
デザイン	9, 13, 19, 21, 34, 37
展開図	20, 21, 25, 27, 32, 33, 40, 41
展開図絵画	6, 21
刀装具	43

な

日本折紙学会	13, 15, 27, 61
日本折紙協会	15
ねじり折り	16, 31, 38
熨斗	22

は

ハート	13, 46, 47
ハービン、ロバート	7, 12, 27
羽ばたく鳥	25, 37
パハリータ	24, 25
秘伝千羽鶴折形	23
ビバ！おりがみ	19
複合折り	36, 48, 52
藤田文章	40
伏見康治	27
不切1枚折り	10, 18, 33, 34
布施知子	13, 14
プリーツ	21
ブリル、デビッド	7
フレーベル、フリードリッヒ	25, 36
ペーパークラフト	18, 20
北條高史	34
ほかけ船	25
ポップアップカード	21
本多功	26, 36

ま

前川淳	17, 18, 19, 27, 33
マボナ、シッポ	6
ミウラ折り	41
三浦公亮	41
見立て	22, 23, 36, 38, 44
三谷純	20, 41
目黒俊幸	27
桃谷好英	27
モントロール、ジョン	8, 10

や

やっこさん	2, 23, 30, 37
山折り線	21, 31, 32, 42
山口真	15
遊戯折り紙	22, 23, 25
ユニット(折り紙)	7, 14, 38, 58
吉澤章	8, 11, 14, 26, 27
吉野一生	19

ら

ラング、ロバート	8, 9, 27, 41
龍神	34, 36
礼法折り紙	22
レグマン、ガーション	27
連鶴	23, 29

わ

和紙	28, 29

- **著／西川 誠司（にしかわ せいじ）**
  1963年生まれ。奈良県出身。東京農工大学卒業。農学博士。幼少より創作折り紙に魅了され、1980年ごろから専門誌に新作を投稿。1990年に現在の日本折紙学会の前身である折紙グループ、折紙探偵団をたちあげたメンバーのひとり。2014年に東京で開催された第6回折紙の数学・科学・教育国際会議では組織委員として大会運営に協力した。日本折紙学会の評議員代表。

- **デザイン／長江知子**

- **折り図／西川誠司、小松英夫、前川淳、山口真**

- **編／こどもくらぶ（河原昭）**
  「こどもくらぶ」は、あそび・教育・福祉分野で、子どもに関する書籍を企画・編集しているエヌ・アンド・エス企画編集室の愛称。これまでの作品は1000タイトルを超す。

- **協力／日本折紙学会、おりがみはうす、山口真**

- **取材協力／岡村昌夫、中西祐彦、石井美佐子、マルシオ・野口、羽鳥公士郎**

- **企画・制作／（株）エヌ・アンド・エス企画**

- **画像・資料提供**
  国際折り紙研究会／折り紙ヒコーキ協会／British Origami Society／OrigamiUSA／Shipho Mabona／David Brill／Manuel Sirgo Alvarez／Robert Lang／John Montroll／Giang Dinh／Joseph Wu／Ronald Koh／Ng Boon Choon／Francis Ow／Kade Chan／Hoang Tien Quyet／布施知子／山口真／松浦英子／神谷哲史／川崎敏和／前川淳／川畑文昭／小松英夫／北條高史／堀口直人／Herman Van Goubergen／三谷純／川村みゆき／Won Park／三浦公亮／舘知宏／斎藤一哉／繁富香織／中西祐彦／ボートレース江戸川アートミュージアム／おりがみはうす／日本折紙学会／喜久屋呉服店／株式会社南海プリーツ／株式会社フレーベル館／株式会社myふなばし

- **参考文献・資料**
  『折紙探偵団新聞』（折紙探偵団、1990〜1999年）／『折紙探偵団マガジン』（日本折紙学会、1999〜2017年）／『折紙の科学』（日本折紙学会、2011〜2016年）／季刊をる（双樹舎、1993〜1996年）／K. Miura, T. Kawasaki, T. Tachi, R. Uehara, R. J. Lang, P. Wang-Iverson編『Origami⁶』(ASM、2015年)／本多功著『おりがみ下』（日本玩具協会、1932年）／中島種二著『手工教材 折紙細工』（建設社、1943年）／吉澤章著『折り紙読本1』（緑地社、1957年）／ロバート・ハービン著、ままさとし訳・編『折り紙読本 外国編』（緑地社、1957年）／内山興正『折り紙』（国土社、1962年）／河合豊彰編『おりがみ』（保育社、1970年）／高濱利恵編『世界の折り紙傑作集』（日本文芸社、1977年）／桃谷好英、桃谷澄子著『折り紙ーイメージと創作』（創元社、1979年）／John Montroll著『Origami for the Enthusiast』（Courier Corporation、1979年）／伏見康治、伏見満枝著『折り紙の幾何学』（日本評論社、1979年）／笠原邦彦編・著、前川淳作『ビバ！おりがみ』（サンリオ、1983年）／笠原邦彦編・著、高濱利恵監修『トップおりがみ』（サンリオ、1985年）／『おりがみ134号』（日本折紙協会、1986年）／布施知子著『箱の百面相（ユニット折り紙）』（筑摩書房、1988年）／News Letter Fall 1989(Origami Center of America, 1989)／フランシス・オウ著、布施知子訳『折り紙ハート』（筑摩書房、1990年）／山口真著『日本のおりがみ事典』（ナツメ社、1995年）／川畑文昭著、山口真編『空想おりがみ』（おりがみはうす、1995年）／吉野一生著、山口真編『一生スーパーコンプレックスおりがみ』（おりがみはうす、1996年）／David Brill著『Brilliant Origami』(Japan Publication Inc.、1996年)／川崎敏和著『バラと折り紙と数学と』（森北出版、1998年）／川畑文昭著・西川誠司著、山口真編『折紙昆虫図鑑I』（おりがみはうす、2000年）／西川誠司著、山口真編、立石浩一訳『西川誠司作品集』（おりがみはうす、2003年）／Robert Lang著『Origami Design Secret ed.1,2』(CRC Press、2003、2011年)／神谷哲史著、山口真編、立石浩一訳『神谷哲史作品集』（おりがみはうす、2005年）／尾鍋史彦総編集、伊部京子、松倉紀男、丸尾敏雄編『紙の文化事典』（朝倉書店、2006年）／岡村昌夫著『改訂版 つなぎ折鶴の世界ー連鶴の古典「秘伝千羽鶴折形」』（本の泉社、2006年）／前川淳著『本格折り紙』（日貿出版社、2007年）／前川淳著『本格折り紙√2』（日貿出版社、2009年）／神谷哲史著、山口真監修、おりがみはうす編『神谷流創作折り紙に挑戦』（ソシム、2010年）／山口真編、立石浩一訳『エリック・ジョアゼルー折り紙のマジシャンー』（おりがみはうす、2011年）／小松英夫著、山口真編、立石浩一訳『小松英夫作品集』（おりがみはうす、2012年）／Tomoko Fuse『SPIRAL』(VIERECK VERLAG、2012年)／トーマス・ハル著、羽鳥公士郎訳『ドクター・ハルの折り紙数学教室』（日本評論社、2015年）／三谷純著『立体折り紙アート』（日本評論社、2015年）／山口真著『端正な折り紙』（ナツメ社、2015年）／前川淳著『折る幾何学ー約60の変わった折り紙』（日本評論社、2016年）／『折るこころ』（龍野市歴史文化資料館、1998年）／『吉澤章 創作折り紙展』（於 日光田母沢御用邸記念公園、2008年）／「特別展・秘伝千羽鶴折形の再現」（折紙アートミュージアム［日本折紙学会］web：http://www.origami-art-museum.com/about, 2014〜）／『布施知子origami展〜紙と折りのリズム〜』（安曇野市豊科近代美術館、2016年）／『デトロイト美術館展』（上野の森美術館ほか、2016年）

本書に収録された創作折り紙作品は創作者の著作物です。また、すべての折り図は作図者の著作物です。

折り紙学　起源から現代アートまで

NDC754

2017年5月26日　第1刷

著　／西川誠司
発行者／中嶋舞子
発行所／株式会社 今人舎
　　　　186-0001　東京都国立市北1-7-23　TEL 042-575-8888　FAX 042-575-8886
　　　　E-mail nands@imajinsha.co.jp　URL http://www.imajinsha.co.jp

印刷・製本／瞬報社写真印刷株式会社

©2017 Maiko Nakashima　ISBN978-4-905530-65-7　　　　　　　　　　　　　　　64p 31cm
定価はカバーに表示してあります。落丁本、乱丁本はお取り替えいたします。